Andreas Sta...

Glücksorte im Westerwald

Fahr hin & werd glücklich

Dieses
Glücksbuch
ist für

Liebe Glücksuchende,

der Westerwald ist wunderschön! Es bedarf keiner weiteren Worte. Wer den Weg in den Westerwald findet, bereit ist, sich diesem anzuvertrauen, neugierig, mit offenen Augen und Freude an der Entdeckung und im Herzen, wird ihn lieben. Er hält für alle bezaubernde, oftmals unerwartete Glücksmomente bereit.
Der sprichwörtlich kalte Wind und die auf basaltreichem Boden entstandene einzigartige Vegetation erfrischen und begeistern ebenso wie die Menschen des Westerwaldes, die einen geradeheraus und herzlich willkommen heißen.
Doch steckt der Westerwald voller Wunder und Überraschungen. Da finden sich alpenländische Pflanzenwelten, Fahrradbusse, Kunst von Weltgeltung, verträumt-romantische Cafés, naturwissenschaftliche Irritationen, kulinarische Offenbarungen, Reisen in längst vergessene Zeiten. Unzählige kulturelle Schmankerl sind zu entdecken, sie verblüffen und verzücken – wer hätte sie hier erwartet?
Der Westerwald verwöhnt mit vielen wunderbaren Glücksorten. Oder lassen Sie es mich so formulieren: Zum Glück gibt es den Westerwald!

Ihr Andreas Stahl

GLÜCK

Deine Glücksorte …

... noch mehr Glück für dich

"Glück"

Alles aus einem Guss

1 Die Sayner Hütte in Bendorf

Die Zeiten wandeln sich, Digitalisierung ist heute in aller Munde, was einmal Land, Menschen und Wirtschaft prägte, ist heute in den Hintergrund getreten. Dies trifft auch auf die Sayner Hütte zu: Die einst größte und modernste Hüttenanlage Preußens galt früher als bedeutendster technologischer und kreativer Ort. Schon 1769/1770 gründete der Trierer Kurfürst Wenzeslaus die Hütte, gegen 1815 übernahm sie der Preußische Staat. Sie wurde zu einem exzellenten Innovationszentrum der Gusseisen-Technologie und versorgte beispielsweise das gesamte Rheinland mit Gebrauchseisen jeder Art und Größe. 1863 wurde die Hütte von Krupp übernommen und zu einem Grundpfeiler des Firmenimperiums. Gusseiserne Tragwerke sind heute weltweit bekannt, hier nahm alles seinen Anfang. Die Innovationen der Sayner Hütte eroberten nicht nur den Erdball, sie prägen auch die Hütte selbst: Die „Krupp'sche Halle" ist ein brillantes baukünstlerisches Gebäude stilbildender Ingenieurskunst. Wer diese heute besucht, ist beeindruckt, nein, es handelt sich um keinen Sakralbau. Man steht in der Halle der stillgelegten Hütte und kommt aus dem Staunen nicht heraus. Man befindet sich nicht in einem Dom, man befindet sich in einer (einstigen) Kathedrale der Arbeit und erliegt dem Zauber monumentaler gusseiserner Architektur. Mit sehr viel Liebe und Verstand wird ein Einblick vermittelt, welche Arbeitsprozesse dereinst hier vonstattengingen. Wo ehedem ein Wasserrad kühlte, ist heute Wasserrauschen zu hören, ein Lichtspiel symbolisiert das sich drehende Wasserrad, zwei große drehbare digitale Informationstafeln zeigen, was sich früher in der Halle befand. Gleichzeitig ist die heutige Weite und Erhabenheit des Gebäudes – im Jetzt – zu fühlen, ein Moment des Bewunderns und des Wertschätzens. Man hält inne, wird achtsam und erhält eine Ahnung vom eigenen Sein in der Unendlichkeit des Lebens.

● Besucherzentrum Sayner Hütte, In der Sayner Hütte 4, 56170 Bendorf-Sayn, Tel. (0 26 22) 9 84 95 50, www.saynerhuette.org
● ÖPNV: Bus 8, Haltestelle Sayn-Schloss

Auszeit am Fuße des Doms

2

Die Obermühle in Limburg

Limburg ist eine wunderschöne Stadt! Sie hat eine hübsche Altstadt, ist durch ihre Lage zwischen Köln und Frankfurt am Main gut zu erreichen, sie hat einen Dom, die Lahn fließt vorbei … Ein besonderes Schmuckstück am Fuße des Westerwaldes. Manchmal sind es bei schönem Wetter, zu Stoßzeiten, schon einmal so viele Menschen, dass es schwierig scheint, einen Sitzplatz in einem Café zu finden. Hier kann die Obermühle Abhilfe schaffen! Liegt sie doch ein klein wenig abseits vom Trubel der Innenstadt – und befindet sich dennoch in deren unmittelbarer Nähe. Während die Menschenmassen sich durch den historischen Kern der Stadt hinauf zum goldwannenumwobenen Bischofssitz der Stadt schlängeln, liegt die Obermühle zu Füßen des Domes, auf der rückwärtigen Seite. Luftlinie sind es vielleicht nur 50 Meter. Aber diese 50 Meter meinen eine senkrecht abfallende Felswand. Hoch droben auf der Felswand ist er zu erkennen, der Dom. Die Obermühle liegt unten, direkt an der Lahn, ein Fußweg schlängelt sich am Fuße des Domfelsens den plätschernden Fluss entlang. Der Biergarten der Obermühle und die drei Mühlenräder bilden mit dem Gasthaus Obermühle ein kleines, wohlfeiles Ensemble, wirken wie eine kleine, aus der Zeit gefallene Wohlfühloase. Die Obermühle wurde 1237 erstmals urkundlich erwähnt, damals als Getreidemühle. Aber noch heute ist eine Mühle im Dauereinsatz: Sie liefert Strom. Auch das historische Mühlrad an der Farbmühlinsel, auf welcher sich der Biergarten befindet, ist noch funktionstüchtig und wird auf Wunsch entriegelt. Doch hat die Obermühle noch mehr zu bieten: Leckerküche eines Familienbetriebes. Auch wenn es seltsam klingen mag, es ist zu schmecken, dass es den Menschen Spaß macht, hier zu arbeiten. Christian Löser, der Inhaber der Obermühle, sagt, es freue ihn, wenn die Menschen zufrieden und mit einem Lächeln sein Restaurant verlassen. Es kommt nicht von ungefähr, dass die Obermühle als eines der besten Dorfgasthäuser Hessens prämiert wurde.

TIPP

Von der Obermühle aus eine Lahntour starten, die Schiffsanlegestelle liegt nur 700 Meter entfernt.

- Wirtshaus Obermühle, Am Huttig 3, 65549 Limburg an den Lahn, Tel. (0 64 31) 5 84 00 84, www.obermuehle-limburg.de
- ÖPNV: Limburg Bahnhof (etwa 10 Minuten Fußweg)

Wenn der Kompass spinnt

3

Der Ketzerstein bei Liebenscheid-Weißenberg

Es heißt, die Westerwälder hätten Basaltschädel. Ob diese Aussage zutreffend ist, soll nicht Gegenstand dieser Zeilen sein. Fakt ist hingegen, dass der Westerwald eine basaltsteinhaltige Landschaft ist. Auch der Ketzerstein gehört der rund 50 Quadratkilometer großen Basaltdecke des Hohen und Oberwesterwaldes an. Der Ketzerstein ist etwas Einzigartiges, eine Sehenswürdigkeit des Geoparkes Westerwald-Lahn-Taunus. Allein liegt er auf weiter Flur, wirkt wie eine in die Landschaft hineingewürfelte Steinsammlung. Es sind keine weiteren Basaltblöcke zu erblicken. So weit, so seltsam. Noch rätselhafter wird es, wenn man eine Kompassnadel an die Gesteinsformation hält: Wo ist Norden? Dorthin sollte die Kompassnadel zeigen, hier tut sie es nicht. Je nachdem, wohin man sich wendet, wo man steht, die Kompassnadel möchte sich nicht an die naturgemäßen Gesetzmäßigkeiten halten. Norden ist, wo der Ketzerstein ist! Rund 610 Meter hoch gelegen ist er, in der Nähe der Ortschaft Weißenberg, der Ketzerstein, diese mystische Kraftoase des Hohen Westerwaldes. Nur rund drei Kilometer sind es bis zur Fuchskaute, der höchsten Erhebung des Westerwaldes. Zum Dreiländereck von Rheinland-Pfalz, Hessen und Nordrhein-Westfalen ist es, in die andere Richtung, nur halb so weit. Am Ketzerstein vorbei führen unmittelbar der Europäische Fernwanderweg 1 und die Westerwaldschleife des Rothaarsteigs. Nur wenige Meter neben dem Stein lädt eine Sitzgruppe zum Verweilen ein, dahinter bietet eine Hütte Schutz vor unvorhergesehenen Wetterkapriolen. Wer mag, kann gerne den davorliegenden Grillplatz für ein gemütliches Picknick in der Natur nutzen. Und gleich ob in der Hütte, beim Grillen oder auf der Sitzgruppe, schmunzelnd wird man zustimmen, unabhängig davon, ob Westerwälder nun Basaltschädel haben oder nicht: Der Ketzerstein jedenfalls hat einen, er bestimmt, wo Norden ist.

- Ketzerstein bei Liebenscheidt-Weißenberg, Nationaler GEOPARK Westerwald-Lahn-Taunus, Tel. (0 64 42) 93 44 15, www.geopark-wlt.de/ketzerstein
- ÖPNV: Bus 510, Haltestelle Rabenscheid Ort (etwa 45 Minuten Fußweg); Bus 480, 941, Haltestelle Weißenberg (etwa 20 Minuten Fußweg)

Natur, Kultur & Kunst

4 Kultur- und Naturerlebniszentrum b-05

Gestern ein Munitionsdepot in einer Bunkeranlage, heute ein beliebter Treffpunkt, ein Ausflugsziel mit Livemusik und Kunstausstellungen von Weltruhm. Und doch ein Geheimtipp. Selbst den Westerwäldern ist entgangen, welch einzigartiges Areal der Inspiration hier entstanden ist. Natur, Kunst und Kultur geben sich ein Stelldichein. Die Flächen des ehemaligen NATO-Munitionslagers liegen im Naturpark Nassau, sind Bestandteil des Fauna-Flora-Habitat-Gebietes „Montabaurer Höhe". Viele gefährdete Pflanzen- und Tierarten haben auf der Anlage eine Zuflucht gefunden. Damit dies auch so bleibt, darf der Verein b-05 association e. V., der das Areal im Rahmen eines dreißigjährigen Pachtvertrages pflegt, das Gelände für Kunst- und Kulturveranstaltungen nur in den Monaten April bis einschließlich September nutzen. Die Landschaftspflege des rund 12 Hektar großen Geländes erfolgt durch Burenziegen und Schafe mit dem Ziel, die Gebüsche auf Heidefläche und Offenlandbiotopen zurückzudrängen. Es sind nur sechs Monate im Jahr, in denen Veranstaltungen stattfinden dürfen. Doch die haben es in sich. Das b-05, das von Jan Nebgen und seiner Frau Leisa Brubaker im Jahre 2008 mit einer ersten internationalen Ausstellung eröffnet wurde, hat hochkarätige Künstler in den Hohen Westerwald gelockt. Ai Weiwei, Matthew Barney, Martin Kippenberger, Bridget Riley, Donald Judd und Werner Herzog haben im einstigen Munitionsdepot ausgestellt. Daneben zeigen sowohl regionale Künstler als auch Kinder ihre Werke. Diese Kunstprojekte sind es, die alle Berührungsängste haben obsolet werden lassen. Das b-05 ist ein Kultur- und Naturerlebniszentrum, das in einem Ambiente des Wohlfühlens wie auch des Nachdenklichen mit seinen Ausstellungen, Workshops, Konzerten, Lesungen und Führungen das Bewusstsein für den Wert von Kunst und Natur fördert. Es ist gerade dieser Gegensatz aus Betonbunkern, Livekonzerten, Kunst und unberührter Natur, der es ermöglicht, hier außerordentliche künstlerische und kulturelle Erfahrungen zu sammeln.

- Kultur- und Naturerlebniszentrum b-05, Im Stadtwald 2, 56410 Montabaur
  www.kunst-kultur-natur-forum.de oder www.b-05.org
- ÖPNV: Bus 460, Haltestelle Abzw. Horessen, Montabaur
  (etwa 40 Minuten Fußweg)

2019

Süße Versuchung

5 Brombeerschenke mit Weinkellerei Hof Haselberg

Was eint Arapaho, Black Satin, Jumbo und Reuben? Was haben Karaka Black, Kiowa, Wilsons Frühe und Triple Crown gemein? Was unterscheidet sie? Die zugehörige Antwort ist so banal wie umfassend: Vieles! Hier geht es um die Pflanzengattung Rubus, die zur Familie der Rosengewächse gehört! In Europa wachsen mehr als 2.000 verschiedene Brombeerarten, alleine 400 Sorten in Deutschland, die sich wiederum in Sorten mit und ohne Stacheln unterscheiden lassen. Außerdem weichen sie bei Geschmack, Frucht, Blüte- und Erntezeiten voneinander ab. Brombeeren haben den höchsten Vitamin-A-Gehalt aller Beerenobstsorten und einen sehr niedrigen Eiweiß- und Zuckergehalt. Wie lecker Brombeeren schmecken, in welcher Form sie kredenzt werden können … Wo ließe sich die Vielfalt der Brombeerspezialitäten besser gourmetieren als in einer Brombeerschenke? Hoch droben über den malerischen Weinberghängen des Weindorfes Leutesdorf sind Schenke und Kellerei zu finden. Es gibt alles, was man sich in Kombination mit Brombeeren nur so vorstellen kann: Waffeln, Eis, Kuchen, Joghurt, Pfannkuchen, Marmeladen, Saucen (zu Wildgulasch), Wein, Likör, Schorlen, fast jedes Gericht hat die schwarzen Früchte als Zutat aufgelistet. Den Familienbetrieb mit Kellerei und Brombeerschenke gibt es seit 1950. Von Beginn an wuchsen zum Greifen nah in sonniger Südhanglage Brombeeren, unter anderem die Sorten Theodor Reimers, aber auch „neuere" Sorten wie Loch Tay, Loch Ness, Asterina und Navaho. Alle Brombeeren stammen aus eigenem Anbau. Von Ende Juni bis Ende August werden sie geerntet und in der zum Hof gehörenden Kellerei und der Brombeerschenke zu leckeren Brombeerspezialitäten verarbeitet. Die Verarbeitungswege sind daher sehr kurz, die Brombeeren besonders reif und lecker. Die Lage der Brombeerschenke ist ebenso fantastisch, der Blick über die Rheinebene bis in die Eifel grandios, die Lage am Waldrand klasse. Besonders die Außenterrasse mit angrenzendem Spielplatz rundet den Wohlfühlfaktor ab.

- Brombeerschenke mit Brombeerweinkellerei, Hof Haselberg, 56567 Leutesdorf, Tel. (0 26 31) 7 12 42, www.brombeerschenke.de
- ÖPNV: Bahnhof Leutesdorf (etwa 45 Minuten Fußweg)

Schau, was du brauchst

6 Der Seitenstein bei Hellenhahn-Schellenberg

Hier wohnen Zwerge! Heißt es. Zugegeben, es wurden schon eine Weile keine mehr beim Seitenstein in Hellenhahn-Schellenberg gesehen, doch wer möchte am Wahrheitsgehalt einer Sage zweifeln? Nach der Sage, die vom Pottumer Bürger Hans Doll berichtet wurde, müssen zumindest einmal welche am Seitenstein gewohnt haben. Aber im Einzelnen: Geologisch betrachtet handelt es sich beim Seitenstein um eine Basaltaufschichtung, die etwa 25 Meter hoch ist und damit an ihrer höchsten Erhebung 500 Meter über dem Meeresspiegel liegt. Es wird angenommen, dass der Seitenstein, der einsam im Wald liegt, eine keltische Kultstätte war, ein mystisch-mysteriöser Hauch umspielt ihn noch heute. Nicht von ungefähr ist er als Geotop, als „einzigartiges Zeugnis der Erdgeschichte" ausgewiesen. Umgeben war er einst von zwei Ringwällen. Ein innerer und ein äußerer umgaben den Seitenstein, lediglich ihre Konturen sind westlich des Seitensteins noch zu erkennen. Über die genaue Bedeutung des Seitensteins ist jedoch nichts überliefert, was wiederum Spielräume für Deutungen eröffnet. Also kann die Sage um Hans Doll doch wahr sein? Dieser nämlich soll dereinst auf seinem Weg von Schellenberg nach Rennerod am Seitenstein vorbeigekommen sein, als die dort wohnenden Zwerge ihre Schätze aus Silber, Gold und weiteren Edelmetallen ausgebreitet hatten. Sie funkelten und blitzten im Sonnenlicht. Die gastfreundlichen Zwerge, vom unerwarteten Besuch überrascht, boten ihm an, er möge sich bedienen und mitnehmen, so viel er in Händen und Taschen tragen könne. Hans Doll wog ab: Er hatte nur kleine Hosentaschen, doch mit einem Sack konnte er weitaus mehr Edelmetalle mitnehmen. Flugs lief er nach Hause, um mit einem Sack zurückzukehren, doch die Zwerge waren mitsamt allen Schätzen verschwunden. Wer genau hinschaut, wird bei seinem Besuch des Seitensteins unweit des Gipfels einen kleinen Kiesel finden, auf dem ein farbenfroher und freundlich lächelnder Wichtel zu sehen ist. Er grüßt und wünscht allen Vorbeikommenden Glück und gute Laune.

TIPP

Zuvor den nahen Albertshof besuchen. Er wurde 2020 als Deutschlands bester Bioladen ausgezeichnet.

- Seitenstein bei Hellenhahn-Schellenberg, Nationaler GEOPARK Westerwald-Lahn-Taunus, Tel. (0 64 42) 93 44 15, www.geopark-wlt.de/seitenstein
- ÖPNV: Bus 480, 484, 521, Haltestelle Rennerod-ZOB (etwa 30 Minuten Fußweg)

Einkehr mit Weitblick

7 Köppel und Köppelhütte von Ransbach-Baumbach

Geografisch gehört der Köppel zur Montabaurer Höhe, welche wiederum ein rund 20 Kilometer langer Höhenzug ist und die Wasserscheide zwischen Rhein und Lahn trägt. Der Köppel selbst befindet sich mitten im Wald. Je nachdem, von wo man kommt, um zum Köppel zu gelangen, müssen drei bis fünf Kilometer durch den grünen Wald zurückgelegt werden. Einen offiziellen Verkehrsweg zum Köppel gibt es nicht. Wer aber den Weg zum Köppel gefunden hat, sollte unbedingt den Köppelturm hinaufsteigen! Der Aussichtsturm wirkt zwar von außen trist, doch nach 169 Stufen ist der 37,5 Meter hohe Turm erklommen und bietet einen fantastischen Rundblick über die gesamte Region. Allein dieser Blick entschädigt für alle Mühen, den Fußweg auf sich genommen zu haben. Jetzt erst sollte man die neben dem Turm gelegene Köppelhütte besuchen. Wer die umgekehrte Reihenfolge anstrebt, ist schlecht beraten, die urige Hütte lässt einen so schnell nicht wieder entfleuchen. Vielleicht ist es genauer, es so zu umschreiben: Wer sie einmal betreten hat, möchte so schnell nicht wieder hinaus. Wenn sich eine Idee wirtschaftlich rentiert, wird sie kopiert. Bajuwarisch angehauchte Alm- oder Berghüttenadaptionen boomen, der Köppelhütte kann solches egal sein. Hier steht das Westerwälder Original, allein, mitten im Wald, seit Jahrzehnten. Sie zuckt die Schultern und verschwendet keine Gedanken an Bayern. Hier ist der Westerwald, hier ist Heimat, hier ist Heimeligkeit, hier gibt es die Spezialität des Hauses: Aschenbraten – einen in Alufolie in der Asche gegarten Schweinebraten mit Pellkartoffeln und Sauerrahm mit Heidelbeerwein. Hier schlüpft der Klöppelgeist in gläserne Trinkbehältnisse, hier ist das Original, hier vergisst man die Mühsal des Herwanderns. Hier vergisst man die Zeit. Man sitzt, man fühlt sich wohl. Man ist zu Hause.

- Köppelhütte, Am Köppel, 56235 Ransbach-Baumbach, Tel. (0 26 23) 12 80
- ÖPNV: Bus 445, Haltestelle Montabaur-Elgendorf (etwa 1 Stunde Fußweg); Bus 462, Haltestelle Osterfeldstraße (ebenfalls etwa 1 Stunde Fußweg)

Kinoperle & Kulturpalast

8

Die Wied-Scala in Neitersen

Blockbuster? Hollywood? Gibt es alles, auch in Neitersen, doch Neitersen hat eine Scala, die Wied-Scala, und diese verzeichnet stetig wachsende Besucherzahlen. Bis hinein ins 60 Kilometer entfernte Köln hat sich der Einzugsbereich dieses wundervollen Lichtspielhauses erweitert. Wer einmal da war, kommt wieder, schließlich ist die Wied-Scala nicht irgendein Kino, es ist die Wied-Scala! Und die ist weit mehr als ein Kino. Da wäre zum einen dieses wunderschöne Ambiente im Stil der 1950er-Jahre. 1956 wurde die Wied-Scala als Filmtheater in einer ehemaligen Werkzeugfabrik eröffnet. Heute sind die Wände in sattem Grün geblümt und durch einfarbigen Faltenwurf belebt ausgewählt. Hohe, fackelartige Beleuchtungskörper spenden dem Raum eine stilvolle Note, so hieß es damals, so heißt es heute. 1985 wurde das Kino stillgelegt. Die glückliche Wiedereröffnung, drei Jahre später, war einem Zufall geschuldet. Letztlich wurde nur ein Raum gesucht, in dem Karneval gefeiert werden konnte. Dass sich hieraus ein kulturelles Erfolgsprojekt entwickeln sollte, war damals nicht abzusehen. Wer mag schon glauben, dass ein anderes Kino, das große Hachenburger Kinocenter, ein Ableger der kleinen Wied-Scala ist, die noch heute ihren ursprünglichen Charakter besitzt und mit diesem bezirzt? Das Lichtspielhaus, das seit 1989 fortwährend mit Auszeichnungen überhäuft wird, hat sich zu einer besonderen Kulturperle und festen Institution mit Kinocafé und Biergarten entwickelt. Gefördert vom Verein FILMKULT e. V. werden hier unzählige außergewöhnliche Projekte durchgeführt: Lesungen, Theater, Videoperformances, Fußballübertragungen, Kino für Flüchtlinge, Poetry Slam, Kabarett, Filmreihen, Ausstellungen, Konzerte, Partys, Privatvorführungen, Schulkino, Lehrerpreviews, Saalvermietungen, Filme mit Bewirtung … In Neitersen werden nicht einfach nur Filme gezeigt. Hier verführt ein Kino, hier schenkt ein einzigartiges Juwel eine unvergessliche Auszeit.

TIPP

Der Raiffeisenturm auf dem Beulskopf ist nur 9 Kilometer entfernt.

- Wied-Scala, Südstraße 1, 57638 Neitersen, Tel. (0 26 81) 95 08 86 www.wied-scala.de
- ÖPNV: Bus 120, Haltestelle Rheinstraße oder Kindergarten (etwa 10 Minuten Fußweg)

Aller guten Dinge ...

9 Das Dreiländereck

Der Westerwald umschließt das Gebiet zwischen den Flüssen Lahn, Dill, Rhein und Sieg. Dies ist eine recht eindeutige geografische Umschreibung. Die politischen Zugehörigkeiten des Westerwaldes sind dagegen vielfältiger. Die Bundesländer Rheinland-Pfalz, Nordrhein-Westfalen und Hessen treffen hier zusammen. Ein einzelner Grenzstein nahe einem kleinen Bachlauf, den eine ebenso kleine Holzbrücke überquert, markiert diesen Flecken im Herzen der Natur des Hohen Westerwaldes. Einst markierte dieser Grenzstein, der Anfang des 19. Jahrhunderts gesetzt wurde, die Grenze zwischen dem Herzogtum Nassau (hierfür stehen die Buchstaben HN auf dem Grenzstein), der Gemarkung Weißenberg (GWBG), dem Königreich Preußen (KP) und der Gemarkung Oberdresselndorf (GODF). Seit 1945, als das Bundesland Rheinland-Pfalz gegründet wurde, treffen hier die drei heutigen Bundesländer aufeinander, außerdem die Kreisgrenzen des Lahn-Dill-Kreises, des Kreises Siegen-Wittgenstein und des Westerwaldkreises. Im Gebiet kommen seltene Pflanzenarten wie Trollblume, Blauer Eisenhut oder verschiedene Orchideenarten und zahlreiche seltene Tierarten vor wie Dunkler Wiesenkopf-Ameisenbläuling, Haselhuhn, Rotmilan und Eisvogel. Auch führt der Wanderweg Romantischer Hickengrund, auf welchem an verschiedenen Hörstationen Poesie gelauscht werden kann, hier vorbei – am Dreiländereck ist eine von diesen Hörstationen zu finden. Dreiländerecke sind selten, zugegeben, das Dreiländereck des Hohen Westerwaldes ist dennoch einzigartig. Es ist unvergleichlich, da es zeitlos ist. Die Verhältnisse wandeln sich, doch inmitten allen Wandels steht unverrückbar ein ausgleichender und verbindender Grenzstein im Herzen der Natur, erzählt Geschichten des Lebens und der Veränderung, schenkt eine Ruhepause. Mag sich die Welt auch drehen, hier ist der Ort, der keine Grenzen kennt, da an ihm die Grenzen zusammenlaufen.

TIPP

Westerwald von oben: Das Dreiländereck liegt zwischen Siegerland Flughafen und Flugplatz Breitscheid.

- Dreiländereck, Tourist-Information „Hoher Westerwald", 56477 Rennerod, Tel. (0 26 64) 9 93 90 93, www.hoherwesterwald.info
- ÖPNV: Bus 510, Haltestelle Rabenscheid Ort (etwa 45 Minuten Fußweg); Bus 480, 941, Haltestelle Weißenberg (etwa 20 Minuten Fußweg)

Schienenbus nach Nirgendwo

10 Die Kasbachtalbahn von Linz nach Kalenborn

Zugegeben, es wird dem Ort Kalenborn und den dort lebenden Bewohnern nicht gerecht, sie als „Nirgendwo" zu umschreiben, doch als Anspielung auf den Hit von Christian Anders, in welchem ein Zug nach – eben – Nirgendwo fährt, eignet sich diese Überschrift allemal. Insbesondere da gerade hier nicht das Ziel der Glücksort ist, sondern vielmehr, im wahrsten Sinne des Wortes, der Weg das Ziel ist. Der Weg, das ist die Fahrt im roten Schienenbus durch das Kasbachtal, welches sich mit seinen urwüchsigen Wäldern an schroffen Basaltsteinbrüchen und steilen Hängen auf der rechten Rheinseite entlangschlängelt, gerade dort, wo sich das Siebengebirge genealogisch vom Westerwald trennt. An Wochenenden ruckelt und zuckelt durch das romantische Tal ein historischer Schienenbus aus den 1950er-Jahren im Stundentakt vom Bahnhof Linz abfahrend hinauf nach Kalenborn. 300 PS hat der Schienenbus der Reihe VT 798, der hier seit 1999 jährlich rund 15.000 Menschen befördert und mit einer Steilstreckenbremse ausgestattet ist. Steilstreckenbremse, das klingt wie ein technisches Detail. Ist es auch, soll dennoch nicht unerwähnt bleiben, schließlich war die Strecke, als sie noch von der Deutschen Bahn betrieben wurde – heute ist die Eifelbahn Verkehrsgesellschaft mbH für den Betrieb verantwortlich –, die zweitsteilste Strecke überhaupt in Deutschland: Auf nur 9 Kilometern muss die Kasbachtalbahn noch heute einen Höhenunterschied von rund 400 Metern bewältigen! Doch ist es nicht nur die historische Technik, die begeistert, vielmehr ist es dieses verträumte Aus-der-Zeit-Fallen, was diese Fahrt mit einem anstellt: Das Ziel, es wird irrelevant, was zählt, ist die Fahrt und was diese mit einem macht. Man sitzt nah beisammen, kommt schnell mit anderen ins Gespräch, so man dies möchte, man ist sensibilisiert, nimmt bewusster wahr, schaut sich neugierig um, beruhigt sich im Duft und der Temperierung der Vergangenheit und schwelgt im dahinruckelzuckelnden zeitreisenden Schienenbus in behaglicher Selbstzufriedenheit.

TIPP

Bis Kalenborn fahren, von dort bis zur Alten Brauerei zurückwandern. Die Kasbachtalbahn hält dort.

● Kasbachtalbahn, Rheinhöller 3, 53547 Kasbach/Linz am Rhein
Tel. (0 26 44) 8 09 00 oder (0 26 44) 25 26, www.zugtouren.de oder www.linz.de
● ÖPNV: Bahnhof Linz am Rhein, ab Gleis 3

Das Runde muss ins Runde

11 Die Fußballgolfanlage in Breitscheid

„Aus! Aus! Aus! – Aus! – Das Spiel ist aus! Deutschland ist Weltmeister!“ Mit diesen euphorisierten Worten kommentierte Herbert Zimmermann den Schlusspfiff des Fußball-WM-Endspiels 1954. Deutschland war gerade Fußballweltmeister geworden, ein Ereignis, welches mit dazu beitrug, Fußball als die beliebteste Sportart Europas zu identifizieren. Doch wer kennt eigentlich Fußballgolf, geschweige denn, wer hat es bereits gespielt? Wer es noch nicht getan hat, sollte es nachholen! Unbedingt! Denn wer einmal die Fußballgolfanlage des gemeinnützigen Vereins Neustart e. V. besucht hat, wird noch lange davon schwärmen. Zwölf Bahnen sind es, die bespielt werden. Das Spiel ähnelt Minigolf, nur alles viel größer, weitläufiger – und eben mit einem Fußball, der eingelocht werden muss. Man schießt durch Betonröhren, Traktorreifen, auf eine Torwand oder muss den Ball im Vulkan, einem Erdhügel, bei dem das Loch oben ist, versenken. Spielen kann es nahezu jeder, egal ob große oder kleine Kinder, Jung oder Alt. Doch bietet es obendrein auch etwas für anspruchsvolle Techniker: Es heißt, einzelnen Fußballnationalspielern sei die Anlage nicht völlig unbekannt. Von Mai bis September ist die ehrenamtlich geführte Anlage geöffnet, die viele leuchtende Kinderherzen hinterlässt und den Ehrgeiz so manch großen Fußballkindes weckt. Was könnte man seinem Liebsten Schöneres schenken als einen Besuch der Breitscheider Fußballgolfanlage? Die Anlage begeistert nicht nur unzählige Fußballenthusiasten, sie verfolgt einen weiteren Zweck. Sie soll auch auf den Verein Neustart e. V. aufmerksam machen, der die Anlage 2014 eröffnete. Der Verein hat es sich zur Aufgabe gemacht, hilfsbedürftige Menschen aus Randgruppen zu unterstützen, weshalb er entsprechende Angebote für Kinder, für Familien, für Jugendliche, die es schwer auf dem Arbeitsmarkt haben, aufstellt. Auch durch Gefängnisbesuche schenkt der Verein vielen Menschen Unterstützung und Zuversicht, was das diesem Ort innewohnende Glück unterstreicht.

TIPP

Nur 5 Fußminuten entfernt lässt es sich auf dem Flugplatz Breitscheid glänzend abheben.

● Fußballgolfanlage Neustart e. V., Auf der Hub 6, 35767 Breitscheid, Tel. (0 27 77) 8 20 00 www.fussballgolf-breitscheid.de
● ÖPNV: Bus 510, Haltestelle Breitscheid Flugplatz

Gesunde Auszeit

12 Heilstollen der Grube Bindweide in Steinebach

Nicht jeder Ort, der das Leben zu erfreuen mag, war schon immer ein solcher. Mancher wurde erst durch der Zeiten Lauf zu dem, was er heute schenkt. Dies trifft in sehr starkem Maße auf die Grube Bindweide unweit der Sieg zu. In den Jahren 1837 bis 1932 wurden hier 5.120.381 Tonnen Eisenerz gefördert, dann wurde die Grube stillgelegt. Das war harte Arbeit, soziales Elend war an der Tagesordnung, zahlreiche Knappen fanden den Tod. Keinesfalls war die Grube der Glücksort, der sie jetzt ist. Seit 1986 besteht das Besucherbergwerk Grube Bindweide in Steinebach. Mit einer alten Grubenbahn geht es hinab in die Tiefen der Bindweider Stollen. Es ist der gleiche Weg, den die Steinebacher Bergleute viele Jahre in den Berg einfuhren. Unten in 400 Meter Tiefe sind im Maschinenraum viele originale Werkzeuge in Betrieb zu sehen, an Schacht 1 erfährt man alles über Förderung und Fördertechnik. Der Bindweider Hauptgang ist mit 2.300 Metern Gangfläche der längste der Gänge und man kommt aus dem Staunen nicht heraus. Wenn man sich leichter, agiler, frischer fühlt, so hat dies aber vorrangig mit dem unterirdischen Klima zu tun, ist doch die Grube auch Heimat für nur einen von zwölf zertifizierten Heilstollen in der Bundesrepublik Deutschland. Die Pulverkammer des Stollens wurde 2015 zertifiziert und in den Deutschen Heilstollenverband aufgenommen, von den Universitäten Ulm und Freiburg bestätigt. Hier ist die Luft fast völlig frei von Schwebstaub und Allergenen. Die kühle Temperatur, die hohe Luftfeuchtigkeit bewirken eine Besserung der Atemfunktionen, Husten und Auswurf nehmen ab, häufig lässt sich die Medikation im Anschluss reduzieren. Der Heilstollen wirkt beruhigend und ausgleichend, man ist abgeschieden, kein Handy, kein Elektrosmog, kein Lärm, nur das beruhigende Geräusch eines ab und zu herabfallenden Wassertropfens. Stress, seelische Anspannung, Migräne … all dies gibt es hier nicht, ist hier unbekannt. Körper und Geist, hier sind sie vereint, hier ist der Ort, an dem man zur Ruhe kommt.

- Heilstollen im Besucherbergwerk der Grube Bindweide, Bindweider Straße 2, 57520 Steinebach/Sieg, Tel. (0 27 47) 78 45, www.bindweide.de
- ÖPNV: Bus 276, Haltestelle Steinebach (Sieg) Bindweide

Rückzugs- und Kraftort

13 Der Herzenberg in Hadamar

Kraftquellen sind immer auch Glücksorte. Der Herzenberg in Hadamar ist ein solcher Kraftort. Mehr noch, er ist auch ein Ort des Trostes und der Zuflucht. Da ist zum einen das Hochplateau, hoch über der Fürstenstadt Hadamar und doch zentrumsnah gelegen, von welchem sich ein atemberaubender Ausblick über Stadt und Region bis hinüber nach Limburg bietet. Zum anderen der Lindenhain, unter welchem man hier schlendern kann. Da sind die unzähligen Sitzgelegenheiten, die allerorten zum Verweilen einladen, sowie die kleine Marienwallfahrtskapelle, die Herzenbergkapelle, die in der Region um Limburg und den Westerwald als Ort der Besinnung und des Trostes gilt. Die Schüler des ehemaligen Jesuitengymnasiums spielten dereinst hier und errichteten auf Veranlassung des aus Luxemburg stammenden Paters Musset einen Bildstock. 1690 ließ Prinzregent Franz Bernhard diesen zu einer Kapelle erweitern. Die Marienstatue stammt aus der Niederlassung der Jesuiten in Koblenz, die auf ihrem Sockel befindliche Inschrift bezeichnet sie als „Trösterin der Betrübten". Seit dem Zweiten Weltkrieg, in dem Hadamar von Zerstörung bewahrt blieb, wird sie auch als Königin des Friedens verehrt. In der Kapelle wurden die Herzen von vier Fürsten beigesetzt, daher der Name. Eine Stätte, an welcher die Bewohner des Hadamarer Landes ihre Nöte und Sorgen der Muttergottes, der „Trösterin der Betrübten", vortragen. Sofort fallen die vielen verschiedenen Votivtafeln im Eingangsbereich auf, auf denen sich für die erhaltene Hilfe bedankt wurde – auch heute noch werden solche Tafeln gestiftet. Ein wahrer Kraftort. Da ist auch der angrenzende Rosengarten, der zum Staunen und Flanieren einlädt, der unterhalb des Plateaus gelegene kleine Weinberg. Da ist diese inspirierende Ruhe, während zu Füßen des Plateaus, nur wenige Fußminuten entfernt, das irdische Leben seinen bekannten Lauf nimmt. Man ist alleine und ganz bei sich. Und trifft man andere, so geht es diesen ähnlich. Nur zu Gottesdienstzeiten ist hier eine größere Anzahl von Menschen anzutreffen.

TIPP

Wer den Herzenberg besucht, sollte auch den angrenzenden Rosengarten bestaunen.

- Herzenberg, Auf dem Herzenberg, 65589 Hadamar
- ÖPNV: Bahnhof Hadamar (etwa 15 Minuten Fußweg)

„Hui Wäller?“

14 Das Adolf-Weiss-Denkmal am Knoten

Das Gebiet um den Knoten ist so vielfältig und so angenehm wie der gesamte Westerwald. Skilifte, Windräder, eine Wasserscheide, ein Freibad, eine Schlenkerbank, wunderschöne Wanderwege. Ein idealer Platz für eine Auszeit, um dem Dichterfürsten des Westerwaldes seine Gunst zu erweisen. Adolf Weiss hieß er und hat so ganz nebenbei etwas Großartiges vollbracht, hat er doch den die Wäller, die Westerwälder, einenden Ruf poetisiert, jenes unschlagbare „Hui Wäller“. Knapp 300 Meter vom Gipfelkreuz des Knotens entfernt haben die Wäller ihrem Dichterfürsten ein Denkmal gesetzt. Auf einer kleinen Lichtung inmitten rauschender Bäume findet es sich. Man nähert sich – durch Wälder – und erblickt Licht, eine Lichtung und auf dieser die Gedenkstätte für Adolf Weiss. Mit viel Liebe und Sorgfalt sind Denkmal und Platz errichtet. Bänke laden zum Verweilen ein. Auch in das Denkmal selbst sind Sitzbänke integriert. Eine offene Schutzhütte gewährt Unterschlupf bei schlechtem Wetter. Große Basaltblöcke umgarnen die Anlage. Mit seinem Ruf „Hui Wäller? – Allemol!“ hat Adolf Weiss die Vielfalt des Westerwaldes kurz und bündig umschrieben. Heutzutage würden wir sagen, er hat den Slogan einer gesamten Region, eine Identität geschaffen. Hier befindet sich der Ursprung, hier ist die Kraftquelle, die den Westerwald eint. Doch was bedeutet dieser Spruch eigentlich? Der Dichter erklärt es in seiner 1913 preisgekrönten Dichtung so: „Das Hui hat mich der Sturmwind gelehrt / Wenn wild über unsere Heiden er fährt, / Und Wäller, wir ja allzumal sind, / Wir trotzen dem Regen, dem Schnee und dem Wind.“ Adolf Weiss siegte mit diesen Zeilen auf ganzer Linie. Er gewann den Dichterwettstreit (als Preis erhielt er zwölf Flaschen besten Moselwein) und begründete obendrein den Ruf der Wäller. So antworte, wer dem Westerwälder Winde trotzend gefragt werde: „Hui Wäller?“ (Bist du Wäller?), mit einem herzlichen „Allemol!“.

TIPP

Ins feuchte Nass der Krombachtalsperre beim Campingplatz (etwa 45 Minuten Fußweg).

● Adolf-Weiss-Denkmal am Knoten, 35753 Greifenstein, Tel. (0 64 77) 91 14 94
● ÖPNV: Bus LM-12, Haltestelle Arborn (etwa 30 Minuten Fußweg);
Bus 520, Haltestelle Mademühlen-Rotdornstraße (etwa 45 Minuten Fußweg)

Dem Heimatdichter und Schöpfer
des Westerwaldgrußes:
„Hut Wäller – allemol"!
Adolf Weiss 1860 – 1938
Der Westerwaldverein 1939

Abseits des Weltgeschehens

15 Waldwiese im Fockenbachtal

Manchmal ist es schwierig, einen Glücksort zu beschreiben, manchmal ist es sogar schwierig, zu erklären, warum ein Glücksort ein Glücksort ist, unabhängig von Trotz oder Weil. Doch einige Glücksorte sind Glücksorte, weil sie es schaffen, dass man sich auf sich selbst zurückbesinnt, weil sie sich abseits des Weltgeschehens befinden und weil eben das an einem solchen Ort völlig belanglos wird. Es wird einem bewusst, dass Glück und Einklang mit Natur und Universum dort zu finden sind, wo man sich gerade befindet, im Hier und Jetzt. Und auf einer Waldwiese. Die Waldwiese zwischen der Mündung des Verscheider Seifens in den Fockenbach, ca. 300 Meter vom befestigten Waldweg, welcher das Fockenbachtal durchmisst, ist ein solch magischer Ort. Er erinnert an das altehrwürdige Tal Glendalough bei Dublin. Nur etwas kleiner. Zwar gibt es hier keine Seen oder Klöster, doch eines haben diese Waldwiese und Glendalough gemein: Sie tauchen unverhofft auf. Ringsum hohe Berge. Erst läuft man im Schatten, man bleibt im Schatten. Bis sich plötzlich, unverhofft, eine Waldwiese ausbreitet, einige Meter abseits vom Hauptwaldweg. Doch hier – und nur hier – findet die Sonne ihren erheiternden Weg ins Tal, durchflutet die Wiese, eine einzige große Lichtung, mit einem wohligen Lächeln. Das Fockenbachtal selbst ist ein Seitental der Wied und liegt zwischen den Orten Bonefeld, Straßenhaus und Kurtscheid. Das Tal ist oberhalb der Fockenbachsmühle nur über Wanderwege erlaufbar, doch liegt die Waldwiese zwischen dieser und Niederbreitbach. Bis hier führt der Wanderweg am glucksenden Bächlein vorbei – auch ein nahezu nie benutzter asphaltierter Weg führt zur Fockenbachsmühle. Am Rande dieses friedvollen und ausgleichenden Glücksortes, dieser wunderbaren Waldwiese, stehen zwei Zypressen, daneben plätschert unter einer kleinen Holzbrücke durchlaufend der Fockenbach.

- Adolf-Weiss-Denkmal am Knoten, 35753 Greifenstein, Tel. (0 64 77) 91 14 94
- ÖPNV: Bus LM-12, Haltestelle Arborn (etwa 30 Minuten Fußweg); Bus 520, Haltestelle Mademühlen-Rotdornstraße (etwa 45 Minuten Fußweg)

Am Brunnen vor dem Tore

16 Heilbornkapelle/Kapellenlinde bei Dernbach

Zugegeben, der Titel, der diesen Zeilen vorangeht und der auf die berühmten Zeilen „Am Brunnen vor dem Tore“ von Wilhelm Müller anspielt, die Franz Schubert im Jahre 1822 vertonte, gestattet einige Interpretationsräume. Ist doch das einzige Tor, welches an diesem Glücksort zu finden ist, das Tor oder die Tür zur kleinen Lindenkapelle. Doch ist diese, mehr noch als es der Liedtext vermitteln kann, ein Zufluchtsort, an welchem man Ruhe findet. Die Kapellenlinde ist weitaus mehr. Nähert man sich der kleinen Kapelle, so wundert man sich zunächst, ist sie doch keinesfalls freistehend. Sie scheint vielmehr in und mit der rund 400 Jahre alten Lindengruppe verwachsen zu sein, unter der sie sich befindet. Zunächst ist man ein wenig verwundert, hält inne und schaut sich das ganze Ensemble noch einmal an. Dann geht man weiter und stellt verwundert fest, es ist wirklich so, die Kapelle steht unter einer uralten 40 Meter hohen Lindengruppe, zwei bzw. drei Stämme wachsen direkt durch das Dach – der größte Stamm fasst rund 5,5 Meter – und lassen Schöpfung und Menschengeschöpfe eins sein. 1692 wurde die Wallfahrtskapelle von der Genossenschaft der Armen Dienstmägde Jesu Christi von Dernbach errichtet, gleich „beym heiligen Born“, wie das unmittelbar neben der Kapelle hervorquirlende Quellwasser schon seit 1616 genannt wird. Helfen soll es Menschen wie Tieren, besonders bei Augenleiden zeige sich die heilende Wirkung. Heute ist der Brunnen mit einer Schwengelpumpe ausgestattet. Wer sie betätigt, wird mit fließendem, frischem, kühlendem und heilendem Wasser beschenkt. Seit dem 14. Oktober 2018 wurde dieser Ort weltweit geadelt, wurde doch an diesem Tag die aus Dernbach stammende Maria Katharina Kasper (1820–1898) als Gründerin der Schwestern der Armen Dienstmägde Jesu Christi von Papst Franziskus heiliggesprochen. Hierhin, in dieses kleine Kapellchen, doppelt behütet durch den Schutz der mächtigen Linde, hat sie sich oft zurückgezogen, gebetet und Kraft gefunden.

- Heilbornkapelle/Kapellenlinde, Elgendorfer Straße, 56428 Dernbach
- ÖPNV: Bahnhof Dernbach (etwa 20 Minuten Fußweg)

Stile di vita italiano

17 La Bottega da Caffé Meloni in Limburg

Der historische Limburger Kornmarkt ist durchwoben von italienischem Flair, warmherzig ausgestrahlt von einem schönen, großen Haus mit neoklassizistischen Giebeln: Hier ist die La Bottega da Caffé Meloni zu Hause, Zufluchtsort, zweite Heimat, original italienisches Café, abendliche Cocktailbar, Dreh- und Angelpunkt eines jeden Limburgbesuches – vor allen Dingen auch für jene, die ohnehin in Limburg wohnen. Hildegard und Dante Meloni waren es, die im Jahre 1988 hier am Kornmarkt 1 eine kleine italienische Espressobar eröffneten, die erste dieser Art in Limburg und die erste Lavazza-Kundschaft überhaupt in Deutschland! 2009 hat Walter Meloni das Café von seinen Eltern übernommen, das Angebot erweitert. Morgens unverändert eine original urige italienische Espressobar mit erlesener italienischer Frühstückskarte und dem besten Kaffee Limburgs, öffnet sich das Café am Tage mit neuer Tagesspeisekarte, um abendlich als exquisite Cocktailbar mit hochwertigen Spirituosen und erlesenem Weinangebot weiterzustrahlen. Dabei ist das Angebot an Gins, Rums und Whiskeys fantastisch und riesig, der Weinkeller größer, als die Weinkarte auszudrücken vermag. Das Meloni hat es geschafft, über viele Jahre sein Limburger Stammpublikum in netter Atmosphäre mit auswärtigen Gästen zusammenzuführen. Hier treffen sich alle, gleich wie alt sie sind. Man sitzt mitten in der Limburger Altstadt, doch wenn man sich umschaut, umhört, denkt man, man sitze in einem typischen Café in Italien. Wenn es so aussieht, als seien alle Plätze besetzt, was meist der Fall ist, hilft das nette Personal gerne weiter, denn ein Platz findet sich immer, es ist immer urgemütlich. Das Meloni ist ein Schmelztiegel von Menschen, die allesamt einmalig sind, aber allen ist eines gemein: Sie alle genießen das Momentum Meloni. Wer Limburg besucht und das Meloni nicht besucht hat, hat Limburg nicht besucht. Das Meloni als Mittelpunkt Limburger Lebens zu bezeichnen, trifft es wohl am besten.

TIPP

Nach einem Bummel durch die Altstadt hinauf zum Dom. Oder wie wäre es mit einer Lahntour?

- La Bottega da Caffé Meloni, Kornmarkt 1, 65549 Limburg an der Lahn, Tel. (0 64 31) 2 28 77, www.cafe-meloni.de
- ÖPNV: Hauptbahnhof Limburg (etwa 5 Minuten Fußweg)

REAL McCOY
caffè phelon

Wo das Glück zu Hause ist

18 MONREPOS im Schloss Monrepos bei Neuwied

Schloss Montrepos („die Bergruhe") war einst ein barockes Schloss, in welchem die Fürsten zu Wied und Neuwied residierten. Im 19. Jahrhundert wurde es zum Sommersitz der fürstlichen Familie, heißt seitdem, dem Zeitgeist entsprechend, Monrepos, „meine Ruhe". Oberhalb des UNESCO-Welterbes Oberes Mittelrheintal liegt es. Doch hat sich Monrepos verändert, dient heute nicht mehr nur einer fürstlichen Familie zur sommerlichen Erbauung, sondern der Erforschung und spielerischen Vermittlung des Glücks und anderem, was für menschliches Wohlbefinden von Interesse ist. Monrepos ist heute Leibniz-Forschungsinstitut für Archäologie, Museum für menschliche Verhaltensevolution und bildet universitär aus. Was Monrepos so interessant macht, ist der Weg zum eigenen Ich, der hier lebhaft, charmant, anfassbar, erlebbar für Groß und Klein eröffnet wird. Hier wird man zum Forscher in eigener Sache. Anhand von Exponaten und szenischen Darstellungen werden menschliche Verhaltensweisen dargestellt. Veranschaulichen lässt sich dies an Fragestellungen über sich selbst wie „Bist du ein Naturwesen?" oder „Bist du ein Rudelmensch?". Mittels anderer Fragen wie „Wer kümmert sich zuerst um den neuen Mitschüler?", „Wer macht den Mund auf, wenn einer gemobbt wird?", „Wer wartet entspannt auf das beliebte Computerspiel Half-Life 3?" werden Geduld, Empathie, Hilfsbereitschaft, Reise- und Wissensdurst, Findigkeit und Spiritualität erfahrbar und in der menschlichen Entwicklung verortet. Die menschliche Gefühlswelt, sie wurzelt unverrückbar in der Steinzeit. Lieb haben muss man Monrepos für die vielen augenzwinkernden Geschenke, wie zum Beispiel: „Guck mal, Chef. Ich nenne es Feuer", „Ach, geh mir weg mit diesem neumodischen Kram!", oder Wissenskärtchen, auf denen doch nichts steht und die sich als Nieten entpuppen. Kurz, prägnant, spielerisch und hilfreich sind die Hinweise für Besucher jeden Alters. Auf nur wenigen Zeilen finden sich beispielsweise unter der Überschrift „Humor macht sexy" Beschreibungen für „ausgezeichnete Voraussetzungen zum Flirten".

TIPP

Man sollte nicht versäumen, den Wunschbaum vor dem Schloss aufzusuchen.

● MONREPOS – Archäologisches Forschungszentrum und Museum für menschliche Verhaltensevolution, Schloss Monrepos, 56567 Neuwied, Tel. (0 26 31) 9 77 20, www.museum-monrepos.de

er Sinn allen Seins
t die Seele.
Das sind die Gesellschaftstiere
Anatomisch moderne Menschen wie wir. Unsere Art entstand vor mindestens 200.000 Jahren in Afrika und breitete sich von dort über die ganze Welt aus. Vor rund 100.000 Jahren erreichten sie den Nahen Osten, vor rund 50-70.000 Jahren Südasien und Australien, vor fast 45.000 Jahren Europa und die Nordhälfte Asiens, vor 10-15.000 Jahren schließlich den hohen Norden und Amerika.
Alle Menschen sind also Vertreter derselben Art. Daher wundert es kaum, dass uns weltweit so Vieles gemein ist. So sind unsere Gefühle immer an den gleichen Körperstellen verortet - bei allen Menschen auf der ganzen Welt.
Diese universellen Gefühle haben uns auch eine neue Welt eröffnet. Mit der Ausbreitung des „Modernen Menschen" erschaffen die Gesellschaftstiere Schmuck, Kunst und Musik, um in der beseelten Welt zu Recht zu kommen.
Liebe

Back to Nostalgie

19 Die Alte Brauerei im Kasbachtal

Wenn es Menschen vergönnt ist, ihre Träume zu verwirklichen, haben sie Glück. Man sieht es ihnen an, was wiederum ein Glück für alle ist, die ihnen begegnen. Oft erwächst aus diesem innewohnenden Glück etwas, was auch anderen Glück bereitet und die Herzen aufblühen lässt. In diesem Fall versetzt einen das, was da von Roman Runkel auf dem Gelände der ehemaligen Steffensbrauerei im Kasbachtal initiiert und umgesetzt wurde, in die „gute alte Zeit" zurück und man verliert sich in nostalgischen Gefühlen. Da wäre zum einen die Brauereischänke, die mit Blechschildern, Kaffeedosen, von der Decke herabhängenden Wanderstöcken, Nudelhölzern und anderen historischen Ausstattungsgegenständen die Kulinarik einer deftigen Brauhausküche mit frischem Fassbier zu einer historischen Zeitreise werden lässt. Auch der historische Kloster-Weinkeller aus dem 17. Jahrhundert entführt in eine einmalige Atmosphäre. Der Lounge Club Balthazar lädt ein, in die 1920er-Jahre einzutauchen. Wem das alles nicht genug ist, dem steht die Alte Kelterei für einen Besuch offen. Der Biergarten liegt inmitten all dessen, Südtiroler Hütten vervollständigen das Ensemble. Doch der Clou des gesamten Anwesens ist die Kolonialwarenhandlung, die offiziell Museumshofladen heißt. Hier kann im Stile eines Tante-Emma-Ladens „wie zu Großmutters Zeiten" nach Lust und Laune gestöbert, gestaunt, Kurioses und Spannendes entdeckt und sogar gekauft werden. Der Kolonialwarenladen versetzt einen in jene verklärte Zeit, da Waschmittel und Schokoladen noch mit Mark und Pfennig bezahlt wurden, Zuckersteine noch einzeln gekauft, Kaffeepulver abgewogen wurde und man in einem Tante-Emma-Laden wirklich alles erhalten konnte, was man damals brauchte. Im Museumshofladen werden an Wochenenden und Feiertagen im hauseigenen Holzofen ofenfrische Backhausbrote nach eigener Rezeptur gebacken.

TIPP

Die historische Kasbachtalbahn hält direkt an der Alten Brauerei.

● Alte Brauerei im Kasbachtal, St. Severinsberg 1, 53547 Kasbach-Ohlenberg, Tel. (0 26 44) 98 07 80, www.alte-brauerei-kasbachtal.de

● ÖPNV: Bahnhof Linz am Rhein, Nostalgiebahn Kasbachtalbahn, Haltestelle Alte Brauerei

Gral Kakao
Golf Schokolade
Rama
butterfein
Spaten-
brot

Reise in den Zauberberg

20 Herbstlabyrinth Schauhöhle Breitscheid

Man lässt sich leicht verunsichern: kein Parkplatz, versteckt, von der Straße nicht zu sehen, das Besucherzentrum unscheinbar zwischen Breitscheid und Erdbach gelegen. Es ist schnell geschehen und man hat diese wundervolle Perle übersehen – trotz der vollkommen ausreichenden Beschilderung. Aber wer vermutet hier auch eine glänzende, strahlende und wunderschöne Schauhöhle unter Tage? Das Herbstlabyrinth Schauhöhle Breitscheid ist das größte Höhlensystem Hessens und eines der bedeutendsten Deutschlands. Erst am 11. Dezember 1993 entdeckten Höhlenforscher der Speläologischen Arbeitsgemeinschaft Hessen bei einer Wanderung eine Höhle, die sie in vorweihnachtlicher Dankbarkeit Adventshöhle nannten. Seit Entdeckung des Höhlensystems ist immer wieder Spektakuläres gefunden worden, obgleich in den Jahren 1997 bis 2002 die Forschungen wegen fehlender Genehmigungen ruhten. Erst im Jahre 2009 konnte daher durch einen künstlichen Stollen diese einzigartige Juwelierkunst der Geologie für die Öffentlichkeit zugänglich gemacht werden. Wer heute die 124 Stufen hinab in die Tiefe steigt, wird begeistert sein. Während des einstündigen geführten Rundganges in familiärer Atmosphäre, die Gruppengröße ist auf 15 Personen beschränkt, kann jeder Besucher seiner Fantasie freien Lauf lassen. Hat doch die Natur hier tief in die Wunderkiste der Verführung gegriffen, was an kaum einem Ort so faszinierend bewundert werden kann wie hier. Die Schauhöhle ist eine der modernsten Europas, sie ist komplett ausgeleuchtet und erstrahlt in schönstem Licht. Die Stegkonstruktion, auf der die Besucher durch die Höhle gehen können (sie könnte jederzeit wieder entfernt werden), führt durch alle zugänglichen Bereiche, die großflächigen Kalküberzüge im Hessentunnel und die Knöpfchenhalle mit ihren vielen kleinen Sinterknöpfchen. Die Vielzahl der Tropfsteinformationen ist einzigartig. Wenn alte Sagen berichten, die Zwerge aus Sindris Geschlecht hätten dereinst in einem goldenen Saal gelebt, so muss dies hier im Herbstlabyrinth gewesen sein.

TIPP

Einige Meter abwärts Richtung Erdbach finden sich zwei weitere Höhlen, die Kleine und Große Steinkammer.

- Schauhöhle Breitscheid, 35767 Breitscheid, Tourist-Information Breitscheid, Tel. (0 27 77) 91 33 21, www.schauhoehle-breitscheid.de
- ÖPNV: Bus 510, Haltestelle (etwa 20 Minuten Fußweg)

Rosige Festspielzeiten

21 Das Rosengärtchen in Wetzlar

Im Herzen des Wetzlarer Altstadtgrüngürtels, im Angesicht des Doms, nur wenige Meter oberhalb der Lahn, direkt am Rande der Altstadt, liegt es, das Wetzlarer Rosengärtchen. Wann immer man es sieht, es befindet sich in seiner Blütezeit. Doch sind es weniger die Rosen, die hier blühen, Menschen sind es, die hier erblühen, die strahlen, die mit ihrer Spiel- und Lebensfreude den Funken überspringen lassen, die beflügelt andere beflügeln, wie sie agieren. Jedes Jahr in den Monaten Juni bis Anfang August finden die Wetzlarer Festspiele statt. Dann erstrahlen Rosengärtchen und der Lottehof in neuem Glanz, dann werden sie zu kulturellen Sehnsuchtsorten. Die Leichtigkeit des Seins erobert die Bühne und die Herzen der Menschen, die sich hier begegnen und die sich hier gegenseitig bereichern. Rund 950 Plätze sind es, die die Freilichtbühne des Wetzlarer Rosengärtchens aufweist und die regelmäßig zu Zeiten der Festspiele vollumfänglich belegt sind (bei schlechtem Wetter steht die Stadthalle als Ausweichquartier zur Verfügung). Die Bandbreite der Darbietungen ist vielfältig: Man verliert sich beim Jazz, während kurz darauf Schillers Räuber die Bühne erobern. Man lauscht der Antigone und den Klängen einer Doris Day. Man spricht miteinander, man schweigt miteinander, man genießt es, Teil der Geschehnisse zu sein, die sich um einen herum und auf der Bühne ereignen, man tanzt und lässt dem Herzen freien Lauf. Nur in gut zwei Monaten jährlich wird das Rosengärtchen intensiv bespielt, doch bezaubert es in der übrigen Jahreszeit auf seine ganz eigene und charmante Art. So liegt dann die Freilichtbühne ruhig und unberührt in einem idyllischen Grünstreifen. Fast scheint es, das Rosengärtchen würde wohlig schlummern, sich schon jetzt auf das nächstjährige Programm freuen. Genau diese Freude ist es, die einen ereilt, setzt man sich einfach auf die leeren Ränge. Unmerklich wird man vom inspirativen Zauber des Rosengärtchens umgarnt sein.

- Rosengärtchen, 35578 Wetzlar, Tel. (0 64 41) 2 26 01
  www.wetzlarer-festspiele.de
- ÖPNV: Bahnhof Wetzlar (etwa 12 Minuten Fußweg)

Schmelztiegel rot-weiß

22 Imbiss am Weiher in Emmerichenhain

Wer kennt das nicht – sich an einem schönen Tag, ohne Zeitdruck, mit einem leckeren Latte macchiato sonnenbeschienen oder durch kühlenden Schatten vor einem Allzuviel an Sonne bewahrt, versonnen an einen Tisch zu setzen und den in der Fußgängerzone vorbeieilenden Menschen nachzublicken. René Protze und sein Sohn Alexander betreiben den Imbiss am Weiher in Emmerichenhain nun schon in der dritten Generation. 1966 wurde der Familienbetrieb gegründet, der jenes gewisse Etwas hat, welches an die vorstehende Szenerie erinnert, aber dann doch so ganz anders ist. Kaffee, Tee, Kakao gibt es auch, der große Kaffee kostet 1,50 Euro, das Hauptaugenmerk, wie sollte es anders sein, liegt auf klassisch-traditioneller Imbissküche, die vom Jägerschnitzel über Kotelett mit Bratkartoffeln und Currywurst mit Pommes bis zum großen gemischten Salat „mit allem Drum und Dran" reicht. Saucen, Salate sowie alles, was in der Pfanne zubereitet werden kann, ist selbst gemacht. Die Kartoffeln stammen allesamt aus Westerwälder Erde. Es liegt in der Natur eines Imbisses, dass Menschen kommen, essen und wieder gehen oder fahren. Die zeitliche Verweildauer ist eher überschaubar. Hier ist dies allerdings ein Geschenk für all jene, die einen Querschnitt durch alle Schichten, alle Altersgruppen, viele Regionen und alle Berufsgruppen erhaschen möchten. Hier finden und treffen sich alle, gleich ob es die Familie mit Kindern oder der Klempner aus dem Nachbarort ist, ob es Mundartsprechende oder Radebrechende sind oder ob es die Motorradfahrerin oder der Lkw-Fahrer ist – die B54 läuft am Imbiss vorbei, sie verbindet die Autobahnen A3 und A45 und sorgt für eine überregionale Besucherfrequenz. Die Lage im Dreiländereck bringt einen zusätzlichen länderübergreifenden Austausch. Der Imbiss am Weiher ist so etwas wie Deutschland en miniature: groß, klein, nett, dünn, im Blaumann, im Norwegerpulli, schweigsam, gesprächig, zeitunglesend, speisend, philosophierend. Fern von Berlin.

- Imbiss am Weiher, Siegener Straße 24, 56477 Emmerichenhain, Tel. (0 26 64) 3 00
- ÖPNV: Bus 480, 481, 957, 971, Haltestelle Kirche Rennerod-Emmerichenhain (etwa 8 Minuten Fußweg)

Renès Pommes Studio

Eine Freude für die Sinne

23 Skulpturen- und Miniaturen-Museum Ransbach

Die im Skulpturen- und Miniaturen-Museum ausliegenden Gästebücher quellen über vor schierer Begeisterung, vor Staunen über das soeben vorgefundene Museum voller Wunder und Poesie. „Haben total die Zeit vergessen“ steht da, in einem anderen Eintrag heißt es: „Unglaublich! Selbst die interessantesten Ausstellungen faszinierten uns keine knappen vier Stunden.“ Dieses Sichverlieren in der Vielfalt, den Details und den überraschenden Entdeckungen, diese ausnahmslose Begeisterung zieht sich durch sämtliche Eintragungen. Was große und kleine Gäste in und an dieser überwältigenden Ausstellung so begeistert, sind Reichtum und poetische Schönheit der Exponate. Auf rund 4.600 Quadratmetern Ausstellungsfläche ist es dem Privatsammler Peter Kaus gelungen, künstlerisches Spektrum und Ausdruckskraft mehrerer Stilepochen beginnend 1740 bis in die Gegenwart in Form von Plastiken, Skulpturen aus Terrakotta, Porzellan, Alabaster, Bronze und Marmor aus aller Welt zusammenzutragen. Alleine in Gebäude A finden sich sechs Hallen, ein Kino und eine übergeordnete Ebene. Klassizismus, Romantik, Realismus, Naturalismus, Art déco und Jugendstil sind hier vertreten. Wer die Skulpturen betrachtet, ist beglückt, sie atmen durch jede Pore menschliches Gefühl, hier sind Bildnisse von unvergänglicher Schönheit zu bestaunen. Augenzwinkernd findet sich ein Eintrag im Gästebuch: Es habe sehr gut gefallen, so viele schöne Frauen auf einmal … Fayencen und Porzellan (von MEISSEN und KPM) andererseits sind in einem eigenen Hallenbereich zu finden. Bronzen ebenso wie Schwerpunktsetzungen zu Mutter-Kind-Darstellungen oder Büsten allein füllen jeweils eine ganze Halle. In einer anderen sind ausnahmslos Exponate ausgestellt, in welcher Bauern, Landarbeiter, Schmiede und Orientalisten interessierte Besucher begrüßen. Kleine und große Kinder sind von den ausgestellten Miniaturen verzückt. Vom keltischen Dorfleben über den Circus Maximus bis hin zu den Wikingern aus dem Ort Haithabus schenken 25 Dioramen mit rund 68.000 Figuren wunderbare Einblicke. Dieses Museum ist eine einzige Freude für die Sinne!

- Skulpturen- und Miniaturen-Museum Ransbach, Sälzerstraße 16, 56235 Ransbach-Baumbach, Tel. (0 26 23) 9 25 55 14 www.skulpturen-miniaturen-museum.de
- ÖPNV: Bus 462, 485, Haltestelle Ebernhahn, In der Holl (etwa 14 Minuten Fußweg)

Hoch über den Flüssen

24 Aussichtsplattform Rhein-Mosel-Blick

Im Jahr 2011 fand die Bundesgartenschau in Koblenz statt. Die Stadt wie auch die Menschen, die hier wohnen, profitieren bis heute davon. Und natürlich auch die Menschen, die Koblenz, die Stadt am Zusammenfluss von Mosel und Rhein, besuchen. Allerdings werden die Gäste nicht zwingend das Eine mit dem Anderen in Verbindung bringen.
Der weitläufige Festungspark ist sehr gepflegt und lädt zu einer Auszeit ein. Hier ist der Moselle Rhine Whirlpool des britischen Künstlers Chris Drury zu finden. Die Aussichtsplattform im Festungspark der Festung Ehrenbreitstein hat sich zur Attraktion entwickelt. Zur Bundesgartenschau war hier noch eine Ausstellung Wald im Wandel zu bewundern. Diese wurde nach der BUGA zurückgebaut, die Ausstellungsplattform aber blieb – ebenso wie der Bezug zu Wald und Holz: Landesforsten Rheinland-Pfalz zeichnete für den Bau verantwortlich, der Fachwerkbau wurde aus heimischem Holz gefertigt.
Die Holzkonstruktion ruht auf Stahlträgern, ist teilweise überdacht und jederzeit frei zugänglich. Sie wirkt futuristisch und erhaben. In Form eines riesigen Dreiecks, jede Seite ist ca. 30 Meter lang, winden sich die Seiten in die Höhe. Die Konstruktion ist ziemlich genial: Es ist möglich über Treppen hinaufzusteigen oder aber – barrierefrei – die breiten Wandelgänge hinaufzuwandeln, welche bereits einen freien Blick in die Landschaft schenken. Die durchdachte Konzeption mit ihren breiten Wegen erlaubt auch Menschen mit Höhenangst die 180 Meter hinaufzuschlendern. Vom höchsten Punkt der Plattform, der Dreiecksspitze, die rund 10 Meter über die Geländekante hinausragt, bietet sich dem Besucher ein bombastischer Blick hinab ins Tal. Koblenz liegt einem buchstäblich zu Füßen. Rhein und Mosel fließen direkt unter einem, am Deutschen Eck, zusammen. In der Ferne grüßen das Obere Mittelrheintal, die Höhenzüge von Hunsrück und Eifel. Dieser Blick ist absolut sehenswert und atemberaubend. Ein besonderes Highlight ist es, von hier dem Sonnenuntergang zuzusehen.

- Aussichtsplattform Rhein-Mosel-Blick, 56077 Koblenz
- ÖPNV: Bus 9, 10, 460, Haltestelle Festungsaufzug/DJH (Schrägaufzug, etwa 25 Minuten Fußweg); Seilbahn vom Deutschen Eck

Zum Glück gibt es die Lahn

25 Kanuwandern auf der Lahn

245,6 Kilometer lang ist sie, die Lahn, gemessen von der Quelle, dem Lahntopf im südöstlichen Rothaargebirge in der Nähe von Netphen, bis zu Mündung in Lahnstein. Etwa die Hälfte davon umschmeichelt den Westerwald, beginnend von der Dillmündung bei Wetzlar bis hin zur Lahnmündung sind dies rund 136,7 Lahnkilometer. Sie hat kaum Strömung, ideal für Wasserwanderer, um sanft sich schlängelnd allen Lärms und aller Geschäftigkeit zu entfliehen. Es kommt nicht von ungefähr, dass sie als einer der romantischsten Flüsse Deutschlands gilt, führt doch ihr ursprünglicher Lauf durch unberührte Natur, an abwechslungsreichen Landschaften, eindrucksvollen Kirchen und Klöstern, liebenswerten Altstädten, dem berühmten 200 Meter langen Weilburger Schifffahrtstunnel und der Kuppelschleuse, historischen Orten mit Weinbau, die ein geradezu provenzalisches Flair vermitteln, und malerischen Fachwerkhäusern vorbei, immer harmonisch dahinfließend durch eine wahrhafte Idylle. Die Auenbereiche der Lahn sind zu großen Teilen als besonders wertvolle Naturbereiche unter Schutz gestellt, was zwar auch die Augen liebkost, vorrangig aber den Lebensraum für viele bedrohte Tier- und Pflanzenarten bewahrt. Für Wasserwanderer finden sich rund 40 Ein- und Ausstiegstellen am gesamten Flusslauf, zwischen Wetzlar und Lahnstein alleine über 30. Schon von Weitem sind die grünen sie markierenden Informationstafeln zu sehen. Kanus, gleich ob Kanadier oder Kajaks, können an unzähligen Verleihstationen entliehen werden und es liegt an einem selbst, ob man gegen die Strömung oder mit ihr reisen möchte. Auch wer keine Vorkenntnisse besitzt, wird begeistert sein. Nach einer Einweisung kann direkt ins erfrischende Nass eingetaucht werden, um sich von der Sanftmut der Lahn umkosen zu lassen. Da die Lahn vorbildlich erschlossen ist, sind Tagestouren ebenso möglich wie Mehrtagestouren. Das Gepäck befördert der jeweilige Anbieter gerne an den vereinbarten nächsten Aufenthaltsort.

● Die Lahn, Informationen zu Kanutouren: PROLAHN e. V., Nieverner Straße 2, 56130 Bad Ems, Tel. (0 26 03) 42 97

Das besondere Kaufhaus

26 Die Verwerter in Langenhahn

Wer dem Flair des ehemaligen Raiffeisengebäudes in Langenhahn erliegt, während er durch die rund 6.000 Quadratmeter Verkaufsfläche stöbert, wird sich fragen, wo er sich wohl befindet, ob es sich hier um ein Möbelgeschäft, um einen großen Tante-Emma-Laden nur ohne Lebensmittel, um ein Haushaltswaren- oder um ein Gardinengeschäft handelt. Oder vielleicht doch um ein Teddybären- oder ein Lampengeschäft oder doch um ein Antiquariat? Auch hat alles etwas von einem großen Indoor-Flohmarkt, man kann stundenlang stöbern und entdecken, ohne sich zu langweilen. Man findet immer etwas in diesem ganz besonderen Kaufhaus – die Schätzchen kommen aus allen inländischen Gegenden, denn überall in Deutschland räumen die Verwerter Gebäude auf, führen Geschäftsauflösungen durch. Für verschiedene Verbandsgemeinden des Westerwaldes richten sie dankenswerterweise außerdem Wohnungen für Bedürftige ein. Schon wenn man das Geschäft betritt, wird man von einem großen hölzernen Indianer begrüßt, der stoisch an der Eingangstür wacht. Innen ist das Verkaufsinterieur liebevoll zusammenstellt, es finden sich vielerorts Sitz- und Ruhemöglichkeiten. Man hat alle Zeit der Welt, die eigene Neugier zu befriedigen, Entdeckungen zu machen und sich zu wundern, was es so alles gibt. An vielen antiken Möbeln, aber auch an neueren kleben Verkaufsschilder. Es sind viele Stammkunden, die hier vorbeikommen, neben all jenen, die nur mal vorbeischauen wollen, um sich dann in der Zeit und im Ort zu verlieren – es sind nicht nur antike Möbel, die in ihrer Qualität gegenüber heute üblicher Massenwarenproduktionen überzeugen. Es kommt nicht von ungefähr, dass hier alle Gesellschaftsschichten zum Shoppen kommen. Solche, die auf der Suche nach neuen Inspirationen und dem Besonderen sind, und solche, deren Suche sich auf günstige Haushaltshilfen beschränkt. Und nicht zu vergessen, hinter fast jedem dieser kleinen und uralten Schätzchen verbirgt sich eine eigene Geschichte. Diese zu entdecken ist alleine schon eine Reise wert.

- Die Verwerter, Koblenzer Straße 2, 56459 Langenhahn, Tel. (0 26 63) 9 70 70
www.die-verwerter.de
- ÖPNV: Bahnhof Langenhahn (etwa 3 Minuten Fußweg)

Freude für Auge, Mund, Nase

27 Die Wacholderheide bei Westernohe

Der Wacholder ist etwas ganz Besonderes: Er ist leicht zu erkennen, überrascht durch sein ganz eigenes Wesen und Erscheinungsbild, er wächst sommers wie winters, ist mal Strauch, mal Baum, trägt nadelförmige Blätter und hat keine Knospen. Als Arznei fördert er die Verdauung, unterstützt die Rheuma- und Gichttherapie und hilft bei Gelenkerkrankungen. Er dient als Grundstoff für Limonaden und Spirituosen, Gin wird aus Wacholder gebrannt. Der in der Schweiz verbreitete Brotaufstrich Latwerge basiert auf ihm. Er dient als Gewürz, mit Wacholder wird aromatisiert, desinfiziert und geräuchert. Wacholder ist das auf der Erde am weitesten verbreitete Nadelgehölz und steht dennoch in Deutschland auf der Roten Liste der gefährdeten Pflanzen. Das passt zum Wachholder, er ist etwas Faszinierendes und verblüfft immer wieder aufs Neue. Etwas noch Einzigartigeres ist es, eine Wacholderheide besuchen zu dürfen. Nur noch wenige dieser einzigartigen Naturparadiese gibt es in der Bundesrepublik Deutschland. Wer diese Landschaft besucht, ist begeistert. Ausnahmslos. Wacholderheiden waren einst charakteristisch für weite Teile des Hohen Westerwaldes. Die östlich des 580 Meter hohen Ochsenberges bei Westernohe liegende Wacholderheide ist als Naturschutzgebiet ausgewiesen und rund 14 Hektar groß. Die Krombachtalsperre liegt nicht weit entfernt. Früher zogen hier regelmäßig Wanderschäfer mit ihren Herden durch, Rinder weideten hier. Schafe und Ziegen fanden wohlschmeckende Pflanzen, welche sie fraßen. Hoch wachsen konnten diese damit nicht. Stachlige Pflanzen wie Wacholder oder Silberdisteln dagegen mundeten den tierischen Gaumen weniger, sie wuchsen ungehindert und prägen bis heute das Bild der Wacholderheide bei Westernohe. Nur manuelle Pflege bewahrt dieses Naturparadies vor dem Zuwachsen, was wiederum den Verlust eines Glücksortes bedeuten würde, der nicht nur den Betrachter fasziniert stehen und staunen lässt, sondern Zufluchtsort für bedrohte Insektenarten, insbesondere Schmetterlinge ist.

TIPP

Im Nachbarort Oberrod verwöhnt die kleine Fromagerie mit köstlichen Leckereien.

- Wacholderheide, Tourist-Information „Hoher Westerwald", 56477 Rennerod, Tel. (0 26 64) 9 93 90 93, www.hoherwesterwald.info
- ÖPNV: Bus 480, Haltestelle Westernohe/Westerwald (etwa 30 Minuten Fußweg); ab Rennerod (etwa 45 Minuten Fußweg)

Auszeit am Gipfel

28 Zwei Wege auf den Bärenkopp

Viele Wege führen nach Rom, aber nur deren zwei zum Bärenkopp. Das mag zunächst einmal nicht so bedeutsam klingen, doch, bezogen auf diesen Glücksort ist die Information nicht ganz unbedeutend. Stellt sich doch die Frage, ob man den Bärenkopp als Belohnung nach einem anstrengenden Anstieg einer Wanderstrecke ansteuert, oder ob man es sich etwas bequemer macht und den Weg über die Ortschaft Verscheid nimmt. Von hier sind es gerade einmal 500 Meter bis zum Gipfelkreuz in 304 Metern Höhe. Dieses strahlt weithin in weißer Farbe, sollte aber nicht mit dem Weißen Kreuz verwechselt werden, das etwas tiefer liegt.

Das Wort Bärenkopp hat übrigens nichts mit Tieren zu tun. Bär bedeutet so viel wie bar, blank oder kahl, Kopp steht für Kuppe oder Bergspitze. Die Kuppe selbst ist zwar blank oder kahl, wie es der Name sagt, doch ist er eingebunden in eine waldumrankte Umgebung. Nur der Gipfel selbst, ein kleiner Radius rund um das Gipfelkreuz ist frei von Bäumen.

Wer den Weg zur Bergspitze gefunden hat, gleich ob die anstrengendere oder die bequemere Variante gewählt wurde, den wird der Bärenkopp reichlich belohnen, bietet dieser doch einen tollen Panoramablick ins Wiedtal. Geradewegs unter einem liegt Waldbreitbach, zu erkennen am Campingplatz im Vordergrund, mit seinem Ortsteil Gasbitze. Links ist die Ortschaft Over zu erblicken, während sich rechterhand die Ausläufer von Roßbach zeigen. Letztlich ist es aber auch nicht von Bedeutung, wie die Ortschaften heißen, die da im Tal und auf der anderen Seite des Wiedtales liegen. Wer den Bärenkopp erreicht hat, wird zufrieden sein, wird fühlen, wie schön die Welt doch ist. Der Bärenkopp ist einer dieser Orte, an denen man, wenn man angekommen ist, sich hinsetzt und alles um sich herum vergisst.

● Bärenkopp, 53547 Verscheid
● ÖPNV: Bus 131, 136, 137, Haltestelle Mitte, Waldbreitbach (Wanderung etwa 1 Stunde); ab Waldbreitbach Mitte Bus 184, Haltestelle Verscheid Ort (8 Minuten Fußweg)

Wo wilde Weiber …

29 Wildweiberhäuschen bei Haiger-Langenaubach

Wohl allen ist der Begriff des Teekesselchens ein Begriff: ein Wort oder eine Bezeichnung mit mindestens zwei verschiedenen Bedeutungen. Beim Wildweiberhäuschen handelt es sich um ein solches. Zum einen ist das Wildweiberhäuschen, wie das Regierungspräsidium Gießen verrät, „eines der ältesten Naturschutzgebiete in Hessen", der Aubach schlängelt sich sanft glucksend durch das Tal. Als Schutzgebiet mit einer Größe von rund 23 Hektar ist es bereits seit 1927 ausgewiesen. Beim zweiten Begriff handelt es sich um die namensgebende 30 Meter hohe Korallenkalkfelswand, den Wildweiberfelsen. Hier wurden viele prähistorische Funde sichergestellt. Und zum Dritten ist da noch die Hütte, die über Haiger-Langenaubach gelegen ist, einen wunderschönen Blick ins Dilltal schenkend. An Wochenenden ist sie bewirtschaftet, doch auch ohne Bewirtschaftung eine entspannende Ruheoase. Das Naturschutzgebiet liegt südöstlich der Hütte. Wer es aufmerksam durchschreitet, wird teils seltene Moose, Flechten und Farne entdecken, daneben, entlang des Bachtales, aber auch botanische Raritäten wie den Blauen Eisenhut oder die Trollblume. Unter dem Wildweiberfelsen dient ein alter Stollen mehreren streng geschützten Fledermausarten als Winterquartier. Funde belegen darüber hinaus, der Felsen war von der Steinzeit bis ins Mittelalter von Frauen besiedelt. Es heißt, die sogenannten Wilden Weiber hätten vor ihren Höhlen gesessen, hätten ihre Wäsche gewaschen, ihre langen goldenen Haare gekämmt und wunderschöne Lieder gesungen. Einem Mädchen schenkten sie zur Hochzeit ein Bündel gesponnenen Flachs, welcher sich über Nacht in Gold, Silber, garniert mit Perlen, wandelte. Einem armen Schäfer halfen sie bei der Ernte und beim Backen, diebische Gesellen konnten sie aber auch piesacken. Sie verschwanden, als die Menschen Gruben und Steinbrüche einrichteten und ihre Wohnstätten unbewohnbar machten. Es heißt, sie hätten einen Goldschatz zurückgelassen. Und, in der Tat, 1953 wurde in der unteren der drei Höhlen immerhin ein Silberschatz gefunden.

TIPP

50 Meter Luftlinie unterhalb der Rasthütte befindet sich ein Rastplatz, gewidmet den Langenaubacher Hirten.

- Drei Wildweiberhäuschen, allesamt südöstlich von 35708 Haiger-Langenaubach
- ÖPNV: Bus 105, Haltestelle Haiger-Langenaubach Heimbelweg (etwa 20 Minuten Fußweg)

Der vergessene Kurort

30 Der Mineralbrunnen „Sauerburn" in Probbach

Der Probbacher „Sauerburn", wie er im einheimischen Dialekt heißt, liegt ca. 600 Meter südöstlich des Ortes Probbach. Er findet erstmals Erwähnung in der Landwehrverordnung von 1485, welche Graf Heinrich IV. von Nassau-Beilstein für sein Land erließ. 1718 ging die gesamte Ortschaft in den Besitz des Fürsten Christian von Dillenburg über, der sich als großer Förderer entpuppte und die Quelle durch Professor Schacht untersuchen ließ. Dessen Ergebnisse, die den Heilgehalt des Wassers bestätigten, gingen von einer in Herborn verlegten Schrift hinaus in den Okzident. Das Probbacher Heilwasser erfuhr große Nachfrage, zierte als Tafelwasser den Hadamarer Hof und wurde an alle möglichen Orte innerhalb Deutschlands bis in die Niederlande verschickt. Beim Fürsten reifte der Gedanke, den Ort zu einem Kurort zu entwickeln, die Quelle in Wettbewerb zu Bad Schwalbach treten zu lassen. Daraus wurde letztlich doch nichts: Dem Fürsten mangelte es am nötigen Kleingeld. Das historische Schaubild, das heute in einer großen Schautafel am Brunnen hängt, lässt die damaligen Pläne erahnen. Nach dem Tode des Fürsten beauftragte die Landesregierung 1751 den Landesphysikus Dr. Schreiter mit der Untersuchung und Unterhaltung der Heilquelle. Auch dessen Pläne scheiterten an Geldmangel. Seinem Nachfolger, dem Hofmedicus Dr. Fritze, der die Quelle 1764 analysierte, ist die offizielle Bezeichnung „Gesundheits-Sauer-Wasser" zu verdanken. Ein Kurort ist Probbach bis heute nicht geworden, obwohl es immer wieder Bemühungen gab. Verträumt im Wald gelegen wird man hier verführt, alleine und individuell mit sich selbst abgestimmt eine gar wohlfeile Kur exklusiv an einem verwunschenen Kurort zu genießen. Ach ja, der dortige Heilbrunnen hilft, wie die Brunnenschrift verrät, bei periodischem Kopfweh, Skorbut, Herzklopfen, Asthma, Ohrensausen und Gelbsucht. Auch das hohe Alter und der Kinderreichtum der Probbacher werden auf das Heilwasser zurückgeführt. Welch Glück, solches Wasser zu trinken!

- Mineralbrunnen „Sauerburn", 35794 Mengerskirchen-Probbach www.unser-probbach.de/sauerburn.htm
- ÖPNV: Bus LM-68, Haltestelle Probbach Ortsmitte (etwa 8 Minuten Fußweg)

Glück hinter festen Mauern

31 Die Festung Ehrenbreitstein in Koblenz

Seit rund 5.000 Jahren ist dieser Platz besiedelt, seit über 3.000 Jahren lassen sich Befestigungen nachweisen, über 700 Jahre lang war sie Machtzentrum der Trierer Bischöfe und Kardinäle. Die Lage ist kaum zu überbieten, hoch oben, 118 Meter über dem Zusammenfluss von Mosel und Rhein. Es lässt sich hier weit blicken von der Festung Ehrenbreitstein: in die Eifel, in die Moselebene, auf und in die Koblenzer Altstadt. Ein fantastischer Ausblick, den man genießen kann! Die strategische Lage über den Flüssen und dem Deutschen Eck gestattet zu entscheiden, wem Durchfahrt gewährt wird und wem nicht. Handelsreisende entschieden sich regelmäßig, die damals anfallenden „Durchreiseerlaubnisgebühren" zu zahlen, was dem Wohlstand der Stadt Koblenz nicht abträglich war. Die Festung beschützte Stadt und Umland und war obendrein vor Hochwasser sicher. Kriegerische Auseinandersetzungen spielten sich zu ihren Füßen ab, selbst in den Weltkriegen blieb sie weitestgehend verschont, bot Ausgebombten und Geflüchteten Zuflucht und Schutz. Doch zu einem herausragenden Glücksort wurde die Festung Ehrenbreitstein erst in den zurückliegenden Jahren. Seit 2002 ist sie Teil des UNESCO-Weltkulturerbes „Oberes Mittelrheintal": Das ist eine besondere Auszeichnung! Doch liegen die wahren Glücksmomente innerhalb ihrer dicken und weitläufigen Mauern. Es ist diese unendlich wirkende Vielfalt, die von einem Staunen in die nächste Verblüffung stürzen lässt. Man kann eine Jahrtausende währende Zeitreise absolvieren und dabei doch immer im jeweiligen Jetzt sein. Das ist lehrreich und einfach faszinierend. Was es alles zu entdecken gibt, wohin einen die Füße zu tragen vermögen: ob ins Haus der Fotografie, wo die Ästhetik zu Erkenntnis führt, ob ins Haus der Archäologie, wo man auf den Spuren menschlichen Wirkens an Mittelrhein und Mosel wandeln kann, ob man die Festungsgeschichte mitsamt der Unterkünfte der Mannschaften erleben möchte oder ob man sich im Haus des Genusses bei einem leckeren Schoppen Wein verführen lassen will: Geschichte, Kultur oder Gaumenfreude, ein Besuch lohnt sich in jeder Hinsicht.

TIPP

Man sollte reichlich Zeit mitbringen, die Vielfalt der Verführungen ist überwältigend.

- Festung Ehrenbreitstein, 56077 Koblenz, Tel. (02 61) 6 67 50
  www.tor-zum-welterbe.de
- ÖPNV: Bus 9, 10, 460, Haltestelle Festungsaufzug/DJH (Schrägaufzug oder etwa 25 Minuten Fußweg); Seilbahn vom Deutschen Eck

Die Mitte gefunden

32 Der Graue Stein in Rennerod

„Als Willy Brandt Bundeskanzler war“, singt der Liedermacher Funny van Dannen, „hatte Mutti noch goldenes Haar“, und ruft uns die intakte Welt seiner Kindheit vor Augen. Schon als Willy Brandt Bundeskanzler war, befand sich am westlichen Ortsrand von Rennerod gelegen ein im Westerwald einmaliger Geotop. Wer von der Straße Grauer Stein dem Rechtsknick folgt und den kleinen Pfad entlanggeht, findet ihn: den Grauen Stein. Dieser weist eine kugelige Form auf, daher heißt er im heimischen Dialekt Botterweck – zum Grauen Stein wurde er nur in der offiziellen Hochsprache. Die kugelige Form der Steine selbst basiert auf einer Verwitterungsform, welche innerhalb des Bodens entsteht. Tropische oder subtropische Bedingungen sind hierfür nötig. Die Rotfärbung des eisenhaltigen Bodens unterstützt diese Annahme. Das klingt nüchtern, sieht aber toll und faszinierend aus! Mit alldem hat Willy Brandt nichts zu tun. Auch nicht damit, dass einige der kugelförmigen Steine gespalten sind. „Frostsprengung“ wird als Ursache angegeben. All diese erdgeschichtlichen Bildungen und Entwicklungen haben kaum etwas dazu beigetragen, dass der Botterweck einmal eine bundesweit zentrale Rolle einnahm. Doch wie kann eine einsam im Wald gelegene Gesteinsformation zu einer bundesweiten Bedeutung kommen? Wie kann solches geschehen? In den 1970er-Jahren stellte das Hessische Landesvermessungsamt in Wiesbaden fest, der geografische Mittelpunkt der Bundesrepublik Deutschland befindet sich bei Rennerod (Breitengrad 50,37 Nord, Längengrade 8,04 Ost). „Das ist schon lange her, John Lennon lebt nicht mehr …“ heißt es weiter im Liedtext von Funny van Dannen, der geografische Mittelpunkt Deutschlands liegt nunmehr in Niederdorla in Thüringen. Rennerod hat seine zentrale Rolle eingebüßt, doch einen einzigartigen Geopunkt und den Botterweck behalten. Der Botterweck schenkt uns das Wissen, dass nicht Berechnungen und Algorithmen unser Leben bestimmen müssen. Wir dürfen die Schönheit der Natur genießen und uns in diese fallen lassen. Der Botterweck ist schön – trotz oder gerade weil er kein Mittelpunkt ist.

- Geotop Grauer Stein, 56477 Rennerod, Tourist-Information „Hoher Westerw
- ÖPNV: Bus 480, 484, Haltestelle Rennerod-Bahnhofstraße (etwa 11 Minuten Fußweg; Bus 521, Haltestelle Rennerod-ZOB (etwa 14 Minuten Fußweg)

Bus und Radl gut

33 Die Blaue Linie

Der Westerwald wird von den Flüssen Rhein, Lahn, Dill und Sieg umgarnt und fällt zu seinen Rändern stark ab. Vielleicht lässt sich der Westerwald auch in Form einer umgestülpten Obstschale vorstellen: Das Hochplateau ist relativ eben, das Gefälle an seinen fließenden Grenzen teilweise enorm, doch finden sich Bahnhöfe nun einmal überwiegend in der Ebene. Wer den Westerwald mit seinem Fahrrad erkunden möchte, kann zwar mit der Deutschen Bundesbahn sein Fahrrad mitnehmen, doch gibt es nicht viele Bahnhöfe im Hohen Westerwald. Wie also von den im Tal gelegenen Bahnhöfen bequem hinauf auf das Hochplateau? Es ist die Blaue Linie, die zu einer Radtour auf den Hohen Westerwald verführt. Genau hierfür wurde sie geschaffen! Und genau diese Verführung leistet sie mit Bravour. Bei der Blauen Linie handelt es sich um eine Busverbindung, die mit Fahrradanhängern ausgestattet von Herborn hinauf in den Westerwald fährt. In den Monaten Mai bis September fährt die Blaue Linie von Heisterberg (Heisterberger Weiher) nach Mademühlen zur Krombachtalsperre – an Samstagen, Sonntagen und Feiertagen und im Zweistundentakt. Und das Beste: Für die Fahrradmitnahme ist kein Aufpreis zu entrichten. Es ist möglich, mit der Blauen Linie an die Krombachtalsperre zu fahren, um von dort mit dem Fahrrad hinab ins Dilltal nach Herborn zu radeln. Oder von der Krombachtalsperre an den Knoten, an die Fuchskaute, zur Glockenwelt Burg Greifenstein. Leichter, gesünder und entspannter lässt sich der Westerwald nicht erradeln. Ach ja, bei all den Verlockungen, die durch die Blaue Linie ermöglicht werden, darf vergnüglich überlegt werden, warum die Blaue Linie wohl Blaue Linie heißt. Weil sie an vielen faszinierenden Wasseroasen vorbeiführt? Oder ob sie doch so heißen könnte, da sie den Weg zum Dach des Westerwaldes ebnet, da, wo man dem blauen Himmel nahe ist? Warum sich nicht von einer Buslinie verführen lassen?

TIPP

Eine Fahrt mit dem „Höhlenexpress" (Bus 510, ohne Fahrradanhänger) von Herborn nach Waldaubach (Fuchskaute).

- Die Blaue Linie, „Westerwaldexpress", Bus 521 ab Herborn Bahnhof im Zweistundentakt
- ÖPNV: Herborn Bahnhof

521
BLAUE LINIE
Westerwald-Express
DER FAHRRADBUS DER

Insel mit Glückspotenzial

34 Die Colchester-Anlage in Wetzlar

Bei der Colchester-Anlage handelt es sich um einen jener typischen Glücksorte, die einem zu Füßen liegen, die hundert Mal passiert und doch hundert Mal übersehen werden. Obwohl Wetzlar als eine Hochburg der optischen Industrie gilt, sollte man sich nicht darauf verlassen, über die bedeutsamsten optischen Gerätschaften zu verfügen, wenn man es versäumt, das Glück zu den eigenen Füßen nicht zu sehen. Bei der Colchester-Anlage handelt es sich um einen solchen Glücksort, den man leicht übersehen kann. Über die steinerne Alte Lahnbrücke strömen die Menschen in die schöne Altstadt, besichtigen diese, gehen in Cafés, schauen sich den Dom an oder erkunden das Lotte-Haus, Goethes Werther entstand hier. Diejenigen, die über die Alte Lahnbrücke in die Altstadt streben, sollten nicht versäumen, auf der Brücke innezuhalten. Führt doch am Ende der Brücke, da, wo uralte, große Kastanienbäume von unten bis weit hinauf über die Brücke ragen, eine Treppe hinab in die Colchester-Anlage. Diese befindet sich auf einer träumerischen, kleinen Insel. Sie liegt zwischen Lahn und Mühlgraben und ist so etwas wie das vergessene Herzstück der Lahn, umrahmt von Altstadt, Lahnwehren und Ufervegetation. Die Zeit ist zwar auf der Insel nicht stehen geblieben, doch wirkt die gesamte Anlage wie vom Leben vergessen. Würde morgen die Welt untergehen, würde das Leben auf der Colchester-Anlage, die nach der englischen Partnerstadt Wetzlars benannt wurde, weitergehen. Es würden weiterhin Enten über die Insel watscheln, Kinder auf dem Spielplatz schaukeln. Menschen würden sich den Skulpturenpark anschauen und sich anhand der beiden Stationen des Optikparcours wundern, wie schnell man sich über die Größe einer Person täuschen kann. Wieder andere würden sich auf dem Labyrinthplatz Wetzlar oder im Weingarten der Insel, einem Lokal, das sich ebenfalls auf der Insel befindet, entspannen. Eine verblüffende Oase voller Natur, Überraschungen und Entspannung inmitten pulsierenden Lebens.

TIPP

Die Altstadt von Wetzlar darf natürlich keinesfalls versäumt werden.

- Colchester-Anlage, 35578 Wetzlar
- ÖPNV: Bahnhof Wetzlar (etwa 15 Minuten Fußweg)

Besuch beim Senf-made man

35

Das senfatelier Haiger

So ein Geheimtipp ist schon etwas Tolles! Da kommt man an einen Ort, findet Sachen und Dinge, die man zu kennen meint, nur um festzustellen, man kennt sie dann doch nicht. Es ist alles anders, es schmeckt anders, erweitert den eigenen Geschmackshorizont und ist einfach lecker. Man muss nicht immer seinen Senf dazugeben. Manchmal aber, da muss es einfach sein. Dazu ist er einfach zu köstlich, der Senf von Meik Schönau aus Haiger, aus Hessens erstem Senf-Atelier. Seit Mai 2005 gibt es dieses nun schon. Aus einer eher uninteressanten Zutat ist ein echtes Trendprodukt geworden. Das Sortiment ist größer geworden: Seine Senfkreationen werden mittlerweile über Leipzig, München, Berlin bis hin nach Österreich verkauft. Der Erfolg kommt nicht von ungefähr, verwendet Meik Schönau doch keine künstlichen Zusatzstoffe, keine Geschmacksverstärker und keine Konservierungsstoffe, alle seine Senfe werden in Handarbeit produziert und von Hand abgefüllt. Für jeden ist hier etwas dabei. Ob es Senfsorten sind, die „klassisch" klingen wie Kräutersenf (das ist der Klassiker) oder Meerrettichsenf, oder ob es überraschend klingende Kreationen sind wie Ingwer-Orangen-Senf, Mandel-Mohn-Senf, Pfeffrige Erdbeere, Pflaumen- oder Karamellsenf. Der Karibik-Senf wird, so Meik Schönau, meist von experimentierfreudigen Menschen gekauft. „Der schmeckt sehr gut zu Räucherlachs", findet Schönau und ergänzt, „eine Kundin liebt diesen zu Apfelstücken." Das Besondere: Nichts muss gekauft werden. Man kann seinen Gaumen direkt vor Ort verführen, kann doch alles schon im senfatelier probiert werden. Zusätzlich zu seinen Gourmetsenfen können im senfatelier auch exklusiv abgefüllter Essig, handgemachte Marmeladen und eine reichhaltige Chutney-Auswahl erworben werden. Das Gleiche gilt für die superbe Gewürzauswahl im Geschäft. Hier arbeitet Schönau mit Sternekoch Sören Anders zusammen.

TIPP

An Sonntagen ist auch das Spitzen- und Leinenmuseum im Ortsteil Haigerseelbach einen Besuch wert.

- senfatelier, Hauptstraße 50, 35708 Haiger, Tel. (0 27 73) 65 22 www.senfatelier.de
- ÖPNV: Bahnhof Haiger (etwa 15 Minuten Fußweg)

Pinball Wizard

36

Extraball – Deutsches Flippermuseum in Neuwied

Was ist schon eine Playstation gegen einen Flipper? Jüngere Menschen werden dies nicht nachvollziehen können, werden vielleicht den Begriff „Flipper" nachschlagen. Wer jedoch mit Flippern aufgewachsen ist, wird mit leuchtenden Augen und verklärtem Blick in jene Zeit zurückblicken, in der Flippergeräte in jeder Kneipe und in jeder Diskothek standen, wird sich erinnern, wie eine silberne Kugel mittels eines Federabzuges in das leicht abschüssige, zum Spieler geneigte Spielfeld katapultiert wurde. Die Kugel, unterbrochen von Schlagtürmen, Fallzielen, Rampen oder Ähnlichem, löste bei jedem der elektronischen Kontakte eine zugehörige Geräuschkulisse aus. Punkte wurden aufaddiert, Kugelschleudern (engl.: Slingshots) und Schlagtürme (engl.: Bumper) brachten eine ungeahnte Rasanz ins Spiel, verlangten dem Spieler ein Höchstmaß an Aufmerksamkeit und Reaktionsvermögen ab. Mit vollem Körpereinsatz versuchte er die Silberkugel mit den sogenannten Flipperfingern, jenen beiden Schaltern links und rechts, im Spiel zu halten, wurde eins mit dem Spiel. Wenn nichts mehr half, die Kugel durchzurutschen schien, ruckelte man kurz am Flipper. Das half – manchmal, war das Ruckeln zu stark, hieß es Tilt. Dann hatte eine im Innern des Flippers installierte mechanische Wippe zu einer Deaktivierung geführt. In Neuwied befindet sich das Deutsche Flippermuseum. Rund 150 faszinierende Flipperautomaten, beginnend mit den 1930er-Jahren bis in die Gegenwart, lassen sich dort finden. Nahezu alle können bespielt werden und wer einmal angefangen hat, möchte nicht mehr aufhören. Dazu gibt es eine Fülle an Informationen, über den Ursprung im französischen Gesellschaftsspiel „Bagatelle", wie ein Flipperautomat funktioniert, was es mit dem Artwork der bunten Geräte auf sich hat. Auch wie Flipper jahrzehntelang die Pop-Kultur reflektierten, wird gezeigt: Reminiszenzen an Star Wars, Dirty Harry, Die Simpsons, Stargate, Guns N' Roses sind ebenso zu finden wie ein legendärer Tommy-Flipper. Elton John und The Who lassen grüßen.

TIPP

Ende Januar/Anfang Februar zelebriert Neuwied ein Wochenende lang das Festival der Currywurst.

- Extraball – Deutsches Flippermuseum/Pinballmuseum, Hermannstraße 9, 56564 Neuwied, Tel. (0 26 31) 35 81 83, www.flippermuseum.eu
- ÖPNV: Bahnhof Neuwied (etwa 11 Minuten Fußweg); Bus 56, 76, 103, 110, Haltestelle Schlossstraße (etwa 1 Minute Fußweg)

BALL
2 UP
00
00 60
4 UP
00
GAME OVER
Bally
FLASH GORDON
00 90
MATCH
GAME OVER

Ein Stück Provence

37 Die kleine Fromagerie in Oberrod

Was, wenn man die Provence liebt, dort aber nicht lebt? Frei nach dem Motto „Ne rêve pas ta vie, mais vis tes rêves" (Träume nicht dein Leben, sondern lebe deine Träume) hat Claudia Schäfer-Trumm kurzerhand ein Stückchen Provence in den Westerwald geholt. Die kleine Fromagerie, eine der laut dem Feinschmecker besten Käsereien Deutschlands, befindet sich auf dem Dach des Westerwaldes. Anfangs waren da nur Anna, Emma und Paul, drei weiße deutsche Edelziegen, mit denen alles anfing. Ziegenkäse entstand nur für den Eigenverbrauch, doch war dieser in seinem einzigartigen Genuss und seiner Vielfalt so außergewöhnlich und einmalig, dass sich die kleine Fromagerie schnell zu einem weit über die Grenzen des Westerwaldes bekannten Geheimtipp entwickelte. In der Tat, hier stimmt alles und alles fügt sich zu einem großartigen Gesamtkunstwerk des Genusses zusammen. Da sind heute die rund hundert weißen deutsche Edelziegen, die die Ziegenhofidylle prägen. Alle kennt Schäfer-Trumm mit Namen, die, artgerecht auf dem Hochplateau des Westerwaldes gehalten, die besten Kräuter, Blätter, Blüten und Gräser bekommen. Der Stall ist aus Lärchenholz, die gesamte Käserei gläsern. Alles kann besichtigt und bestaunt werden, nichts findet hinter verschlossenen Türen statt. Die Kostbarkeiten aus Ziegenmilch entstehen in Handarbeit und reifen im Gewölbekeller oder im Barriquefass, sie verzücken jeden Gaumen. Ganz gleich, ob man nun Ziegenkäse affiniert mit Kräutern oder in Tannenrinde gereiften Ofenkäse probiert, es ist nichts dabei, was einen nicht verzücken würde. Zu jedem Brie, zu jedem Frischkäse, zu jedem Camembert gibt es eine Prise Lebensart hinzu. Alles ist bis ins Detail aufeinander abgestimmt, vom mediterranen, inmitten von Lavendel gelegenen Bruchsteinhaus bis zum Holzofen aus der Toskana, auf dem auch gekocht wird. Die kleine Fromagerie ist eine wundervolle Liebeserklärung an das provenzalische Leben von früher.

TIPP

Ein lukullischer Gaumenschmaus ist die Sinfonie der Sinne, ein 7-Gänge-Menü mit korrespondierenden Weinen.

- Die kleine Fromagerie, Obere Wiesenstraße 8, 56479 Oberrod, Tel. (0 26 64) 85 14 www.kleinefromagerie.de
- ÖPNV: Bus 480, Haltestelle Oberrod (etwa 5 Minuten Fußweg); Bus LM-12, Haltestelle Mengerskirchen ZOB (etwa 1 Stunde Fußweg)

Glaube, Liebe, Hoffnung

38

Die Lahntaler Kaffeerösterei in Diez

Die drei göttlichen Tugenden Glaube, Liebe und Hoffnung beinhalten keine konkreten Handlungsvorschriften, wohl aber charakterisieren sie eine innere Einstellung, die für Mut und Gelassenheit steht, die ein inneres Gleichgewicht symbolisieren und zu einem Anker für das eigene Leben werden. Genau diese innere Einstellung ist es, die Bianca Zimmermann, Inhaberin der Lahntaler Kaffeerösterei in Diez, fördern und unterstützen möchte. Bianca Zimmermann hat sich einen Traum erfüllt. Einst war sie Bankerin, eine Getriebene. Über den Kaffee ist sie zur Ruhe gekommen. Man sieht es ihr an: Sie liebt, was sie tut, röstet und kredenzt. Sie hat Zeit für die Menschen, die ihre Kaffeerösterei am Rande der Diezer Innenstadt besuchen. Vielleicht wartet man dann einige Minuten länger als im Kommerzialwarenladen, dafür ist die Beratung individueller, wertschätzender und entspannter, der Kaffee – ohnehin – wohlschmeckender. Wer einmal hier war, kommt wieder. Massenkonsum ist schnelllebiger. Vor allen Dingen aber kann Massenkonsum kein Anker sein, denn den Anker hat die Kaffeerösterin nicht ohne Hintergedanken in das Logo ihrer Runterkomm-Rösterei integriert, befindet sich diese doch in einem der ältesten Gebäude der Stadt Diez. Solange Aar und Diez aktiv beschifft wurden, fanden Reisende im Anker, wie das Haus von jeher genannt wurde, eine Ruhestatt, eine Übernachtungs- und eine Beherbergungsmöglichkeit. Heute schenkt der die Nasen umschmeichelnde Duft zwanzig verschiedener Kaffeevarietäten, die alle vor Ort geröstet werden, den Menschen eine Auszeit. Man setzt sich, fragt sich, was all die Hektik – draußen – soll, und überlegt, ob die Kaffeeröstungen auch wirklich so verführerisch schmecken, wie sie riechen. Man ankert in diesem einen kleinen Moment der Vollkommenheit und genießt es, hier und jetzt keine Rolle mehr spielen zu müssen, keiner Erwartungshaltung mehr entsprechen zu müssen.

TIPP

... und anschließend leckere Cup-Cakes von Torten Art-Langolf.

● Lahntaler Kaffeerösterei, Emmerichstraße 1, 65582 Diez, Tel. (0 64 32) 6 46 84 84
www.lahntalerkaffee.de

● Bahnhof Diez (etwa 11 Minuten Fußweg);
Bus 560, 575, 581, 582, Haltestelle Marktplatz (etwa 1 Minute Fußweg)

Filter-
Kaffe
'BAR'
BRANDGUT
ab 6,50€
LAHNTALER
JETZT NEU
UNSER ONLINE-SHOP
NEU!

Kunst, Kitsch, Spätromantik

39 Die Heiligen Orte zu Arenberg

Zu finden sind die Heiligen Orte zu Arenberg, einem Stadtteil von Koblenz, unweit der Festung Ehrenbreitstein am Rande des Westerwaldes. Zu verdanken sind diese Pfarrer Johann Baptist Kraus, der in den Jahren von 1805 bis 1893 lebte. Nach seiner Anleitung und nach seinen Ideen entstand eine Wallfahrtsanlage, die ihresgleichen sucht: die Heiligen Orte zu Arenberg. Heute ist die Anlage zu großen Teilen in Vergessenheit geraten. Als Zielgruppe hatte Pfarrer Kraus die einfachen Menschen ausgemacht. Diesen wollte er einen Zugang zum Glauben und zur katholischen Erkenntnis ermöglichen. Am besten, so Kraus, eigneten sich hierfür bildhafte Darstellungen der „heilsamsten und beglückendsten Wahrheiten". Vor diesem Hintergrund entstand ab dem Jahr 1845 eine beeindruckende und weitläufige Parklandschaft, in welcher sich Kapelle an Kapelle, Station an Station, Bildstock an Bildstock reiht. Es lässt sich in den unzähligen figürlichen Darstellungen, den vielen biblischen Szenerien „lesen, wie in einem spannenden Buch". Durch die Zielgruppenausrichtung Krauses auf die einfachen Bevölkerungsschichten kam es ihm nicht darauf an, kostspielige und gediegene Einzelanfertigungen zu präsentieren. Dies führte ihn in einen permanenten Konflikt mit den Angehörigen der „höheren Classen", die die Bildwelten mit ihrem eigenen Kunstgeschmack in Relation setzten. Vor diesem Hintergrund und dem Fehlen eines ausgeprägten klösterlichen Lebens fanden sich erste Zerfallserscheinungen, die ihrerseits heute der gesamten Anlage einen eigenen neuen Charme verleihen. Staunend durchschreitet man dieses fantastische museale Gesamtkunstwerk des 19. Jahrhunderts, man fragt sich: Kunst oder Kitsch? Darüber vergisst man die Zeit, man ist unmerklich schon selbst Bestandteil dieses wundervoll verwobenen Ganzen geworden. Die Frage „Kunst oder Kitsch?" wird noch viele auf ihren weiteren Lebenswegen begleiten, noch oft wird wohl so mancher bei einem künftigen Museumsbesuch an die Heiligen Orte zu Arenberg denken. Alleine dafür lohnt sich dieser Besuch!

- Heilige Orte zu Arenberg, Cherubine-Willimann-Weg 1, 56077 Koblenz
- ÖPNV: Bus 9, 460, Haltestelle Pfarrer-Kraus-Straße (etwa 12 Minuten Fußweg)

Haben Cupcakes eine Seele?

40

Torten Art-Langolf in Diez

Unweit des Diezer Marktplatzes findet sich in der Rosenstraße ein Kleinod der ganz besonderen Art. Natalia Langolf hört nicht auf zu strahlen, wenn sie sich in ihrem Reich umschaut, hat sie doch die ideale Synthese gefunden, ihrer Umwelt Glücksmomente zu schenken und dabei auch noch das zu machen, was ihr selbst Spaß bereitet. Natalia Langolf versüßt allen, die sie besuchen, den Alltag, sie liebt, was sie tut: „Glück ist, wenn man das machen kann, wovon man träumt. Ich liebe das, was ich tue, und das strahle ich meinen Kunden gegenüber aus.“ Küchlein werden heutzutage oft industriell und in großen Mengen hergestellt, was sicherlich auch seine Vorteile hat, nicht aber an das Selbstgemachte heranreicht. Die von Frau Langolf hergestellten Cupcakes, Brownies, Kekse und Karamell werden jeden Tag bzw. jede Nacht neu von ihr selbst zubereitet. „Für die Zubereitung verwende ich nur natürliche Zutaten von bester Qualität“, betont sie. Gleichzeitig verführt sie mit immer wieder Neuem, liebt es, verschiedene Geschmacksrichtungen auszuprobieren. So finden sich täglich variierende Sorten in ihrer Kühltheke. Informationen über das täglich wechselnde Sortiment können der Torten-Art-Facebook-Seite entnommen werden, was aber nur die zweitbeste Lösung ist. Zu empfehlen ist es allemal, persönlich bei Natalia Langolf vorbeizuschauen. Bei ihr findet sich die süße Seite des Westerwaldes, nur hier haben Cupcakes eine Seele. Zu den Leckereien gibt es im Laden – der im Übrigen von Frau Langolf und ihrem Ehemann liebevoll eingerichtet wurde – noch Tee und vielerlei andere Artikel für die eigene Küche, die das Gemütliche nach Hause bringen. Gut zu wissen, Frau Langolf, die seit 2012 selbstständig ist, fertigt auch Torten an. Ihre Tortenkreationen sind weit über Diez bekannt und beliebt. Wer auch immer sich ihre Tortengalerie im Internet anschaut, wird zweifelsohne ihren Laden in Diez aufsuchen. Die Torten schmecken, wie sie ausschauen: grandios.

TIPP

So gestärkt macht die Lahntour noch viel mehr Spaß!

● Torten Art-Langolf, Rosenstraße 25, 65582 Diez, Tel. (0 64 32) 9 36 69 00
● ÖPNV: Bus 560, 575, 581, 582, Haltestelle Marktplatz (etwa 1 Minute Fußweg); Bahnhof Diez (etwa 11 Minuten Fußweg)

Hier trifft man sich!

41 Der Rabenscheider Bauernmarkt

Überall dort, wo dörfliche Strukturen intakt sind, kann auch eine kleine Ortschaft Großes leisten. Rabenscheid ist ein solcher Ort. 500 Menschen wohnen hier im mittelhessischen Grenzland, nahe den Landesgrenzen zu Rheinland-Pfalz und Nordrhein-Westfalen. Gemeinsam haben sie den Rabenscheider Bauernmarkt erschaffen. Den gibt es seit 2014. Und der ist mittlerweile weitaus größer als der in der Universitätsstadt Siegen. In den Monaten April bis Oktober findet dieser statt – immer am letzten Freitag des Monats von 11 bis 17 Uhr. Was diesen Markt so besonders macht, ist dieses einmalige familiäre Flair, den nur ein Markt haben kann, der von allen getragen wird. Der Kaffee ist kostenlos, der Kuchen aus heimischen Backöfen. Man ist eine große Gemeinschaft, ganz gleich ob Helfer oder Kundin, man sitzt zusammen, hält ein Schwätzchen, trifft Freunde, Bekannte und Unbekannte, die dies nicht lange bleiben. Das lässt sich wunderbar erleben, wenn man den Markt besucht. Man wird direkt ins Geschehen eingebunden, wird eingeladen, Platz zu nehmen, einen Kaffee zu trinken, und findet sich ganz schnell wieder – als Bestandteil einer wohlgelaunten, freundlichen Gesellschaft unterschiedlichster Menschen. Außerdem bummelt man über einen Markt, der für alle etwas zu bieten hat, ob es Fleisch- oder Wurstwaren, Eier, Nudeln, Wild und Geflügel, frischer Fisch, Backwaren, Käse und Feinkost, warme Speisen, Crêpes, Schafskäseprodukte, Honig, Marmeladen, Gelees, Essige, Öle, Senfe, Pilze, Kräuter, Gewürze, Tee, Obst und Gemüse, Keramiktöpfe, Haushaltswaren, Seifen und Hautpflegeprodukte, Kopfbedeckungen, Bastel- und Geschenkartikel, Schmuck, Wolle und Häkelzubehör, Hundefutter, Blumen, Pflanzen, Gestecke, Bioprodukte, Wein oder anderes ist. Und dann gibt es diese außergewöhnlichen Highlights, die angeboten werden: Mal sind es Kutschfahrten, mal Livemusik, mal Schaukochen, mal Esel, mal Politiker. Der Rabenscheider Bauernmarkt könnte auch in irgendeinem Urlaubsort sein.

- Rabenscheider Bauernmarkt, Weilburger Straße, 35767 Rabenscheid, Tel. (0 27 77) 15 35
- ÖPNV: Bus 510, Haltestelle Breitscheid-Rabenscheid Ort

Der
6,50
7,50

Da, schau her!

42 Der Optikparcours in Wetzlar

Über 50.000 Menschen leben in der ehemaligen Reichsstadt Wetzlar und ihrer Altstadt voller verwinkelter Gassen. Hier gibt es sehr viel zu sehen. Vielleicht ist gerade dies eine glänzende Voraussetzung, die eigenen Sichtweisen zu schärfen, was wiederum zu einem weitaus besseren Durchblick führt. Den Wetzlarer Optikparcours zu erkunden ist hierfür ein mehr als probates Mittel. Dass Wetzlar über einen durchsehenswerten und bewundernswerten Optikparcours verfügt, kommt nicht von ungefähr, ist Wetzlar doch eine Hochburg der optischen Industrie. Diese hat der Stadt einen Ruf von Welt verschafft. Aus dem 1849 von Karl Kellner in der Altstadt gegründeten „optischen Institut" entwickelte sich die Firma Leitz. Leica Microsystems, Leica Camera und Leica Geosystems haben hier ihren Ursprung. Die Firma OCULUS Optikgeräte ist seit über einem Jahrhundert weltweiter Partner für Augenoptiker und die Firma Hensoldt, gegründet im Jahre 1852, fertigt seit 1964 für die Carl Zeiss Gruppe Ferngläser und Zielfernrohre. Die 1914 von Oskar Barnack entwickelte erste Kleinbildkamera erblickte hier unter dem Namen Leica das Licht der Welt. An bis zu 25 Standorten, quer durch Innen- und Altstadt verteilt, finden sich die einzelnen Stationen, die es im Übrigen ermöglichen, die Sehenswürdigkeiten dieser schönen Stadt auf eine ganz neue Art zu sehen. Beginnend mit dem Optikparcours „Licht", der sich in unmittelbarer Nähe zum Bahnhof befindet, kann ein Hindernislauf der Lichtwellen beobachtet werden, anhand einer Lichtleiter wird Lichtkrümmung sichtbar und auch die Farbe Weiß ist farbiger, als man denkt. Am Dom kann man die eigene Sehkraft testen und im Kreuzspiegel in der Silhöfer Straße sein eigenes Gesicht mit dem Gegenüber kreuzen. Im Optikparcours „Sehen erleben" erblickt man funkelnde Brillanten und erfährt, warum diese funkeln und wie. Das begehbare Kaleidoskop sollte jeder aufsuchen: Es lässt jeden gut aussehen. Kaleidoskop bedeutet nämlich so viel wie Schönbildseher.

TIPP

Das „Dunkelkaufhaus" steht am Karl-Kellner-Ring, den Mythos Leica erlebt man hautnah am Leitz-Park.

● Optikparcours Wetzlar, Innen- und Altstadt, 35578 Wetzlar, Tel. (0 64 41) 99 77 55

Weißes Gold

43 Keramikmuseum Westerwald in Höhr-Grenzhausen

Der Westerwald ist gesegnet mit einer grandiosen Landschaft voller Seen und mysteriöser Steinformationen, mit Burgen, anpackenden Menschen und fantastischen Weitblicken hinab in die Täler. Doch ist der Westerwald auch reich beschenkt, ist doch dies alles auf Gold gebaut, auf weißem, um genau zu sein. Befindet sich hier doch das größte und älteste Tonbergbaugebiet, sowohl Deutschlands als auch der Europäischen Union. Nicht nur dies, die hiesigen Tonvorkommen sind die wohl reinsten und hochwertigsten, die in Europa zu finden sind. Es verwundert daher nicht, wenn sich in der gesamten Region eine ausgeprägte, kreative und vielfältige keramische Kultur entwickelt hat. Kannenbäckerland wird die Region genannt, in der seit über 3.000 Jahren getöpfert wird. Funde aus der Hallstattzeit im Höhrer Loch belegen dies. Als Zentrum des Kannenbäckerlandes gilt Höhr-Grenzhausen, hier befindet sich das vom Westerwaldkreis unterhaltene Keramikmuseum. Wer es besucht, wird aus dem Staunen nicht mehr herauskommen. Hier lassen sich die berühmten blau-grauen oder braunen steinglasierten Töpferarbeiten finden, die, in Vallendar am Rhein eingeschifft, den Globus eroberten. Auf knapp 4.741 Quadratmetern werden historische Exponate und künstlerisch verführerische Unikate ebenso gezeigt wie moderne Kunst oder Fertigungstechniken. Spannend auch Zusatzinformationen wie die zum Selterswasser, welches nur in zertifizierten Westerwälder Steinkrügen seinen Siegeszug antreten durfte, oder zur Geschichte der Tonpfeifen. Erstaunlich, wofür ansonsten Westerwälder Keramik verwendet wird: Da präsentieren sich, anschaulich und verständlich aufbereitet, Wasserrohre, Schneidwerkzeuge, Einlassventile, Bremsscheiben (beispielsweise für McLaren Mercedes), Turborotoren, Lambdasonden oder auch Bauteile für Ionentriebwerke der NASA. Besonderen Spaß bereitet es, das eigene Wissen und die eigene Fingerfertigkeit selbst im Werken mit Ton zu erproben und – unter fachkundiger Anleitung – eigene Werke zu erstellen.

TIPP

In Höhr-Grenzhausen wie im gesamten Kannenbäckerland sind unzählige Töpfereien zu entdecken.

- Keramikmuseum Westerwald, Lindenstraße 13, 56203 Höhr-Grenzhausen, Tel. (0 26 24) 94 60 10, www.keramikmuseum.de
- ÖPNV: Bus 462, Haltestelle Höhr-Grenzhausen Keramikmuseum

Eine Reise nach Sylt

44 Der Malberg bei Hausen

Was hat der Malberg mit Sylt zu tun?, stellt sich angesichts der Überschrift die Frage. Doch um diese zu beantworten, soll zunächst einmal eine Unklarheit beseitigt werden, existieren doch im Westerwald gleich zwei Malberge: Der eine liegt acht Kilometer nördlich von Hachenburg, gemeint ist hier aber der Malberg bei Hausen, oberhalb der Wied. Bei diesem handelt es sich um einen erloschenen Vulkan. Er bildet die höchste Erhebung der Gemeinde Hausen, welche im Naturpark Rhein-Westerwald liegt. 30 Kilometer weiter südlich liegt Koblenz, 50 Kilometer nördlich gelegen ist Köln. Der Malberg liegt 373 Meter über dem Meeresspiegel, womit wir die Verbindung zu Sylt wiederhergestellt haben, hat sich doch der Westerwälder Vulkanbasalt als wertvolles Baumaterial entpuppt. Mauern, Häuser, Türme, für was wurde der Basalt nicht alles verwendet. Wasserbauingenieure schließlich waren es, die erkannten, dass der Basalt aufgrund seines hohen spezifischen Gewichtes, seiner Druckfestigkeit, seiner Wetterbeständigkeit und seiner Säulenform bestens für Wasserbauzwecke geeignet ist. So sind es die Basaltsäulen des Malberges, auf denen sich der zur Insel Sylt führende Hindenburgdamm gründet. Idyllisch eingebettet liegt der Malbergsee da, wo einst Basalt abgebaut wurde, da, wo einmal ein vulkanischer Krater den Basalt gebar. Ein mit viel Sorgfalt angelegter Lehrpfad führt um den See, Schautafeln erläutern Vulkanismus, Erdgeschichte oder Basalt. Anhand einer Gabionenwand (ital. gabbione, ‚großer Käfig'), einer Kipperbude (in Kipperbuden wurden Pflaster- und Wasserbausteine verschiedener Größe hergestellt) und Wasserbausteinen wird der Bezug zu Sylt greifbar. Man sieht, was Westerwälder Basalt zu leisten vermag und wovon die umgebenden Steilwände berichten, setzt sich vielleicht auf eine Bank an der Aussichtsplattform, schaut hinab auf den Kratersee und freut sich, gerade jetzt hier zu sein, und wünscht den Menschen auf Sylt alles Liebe und Gute.

- Malberg bei Hausen an der Wied, 53547 Hausen (Wied)
- ÖPNV: Bus 137, Haltestelle Frorath (etwa 30 Minuten Fußweg)

Merr sejd sich

45

Der Aussichtsturm Dillblick in Herborn

„Merr sejd sich" – man sieht sich, damit wird angespielt auf das bekannte „Mir freue sich", welches die Menschen in Herborn sagen, wenn sie Gäste begrüßen. Zurückzuführen ist diese Umschreibung einer herzlichen Willkommenskultur auf den Slogan des Hessentages, der 1986 in Herborn stattfand. Herborn ist eine der ganz wenigen hessischen Ortschaften, die das seit 1961 stattfindende größte und älteste Landesfest Deutschlands zweimal ausrichten durfte: Rund 30 Jahre später fand das größte Fest der Hessinnen und Hessen, ein Hessentag erstreckt sich heute über zehn Tage, erneut in Herborn statt. Während das „Mir freue sich" des ersten Herborner Hessentages als geflügeltes Wort Eingang in die Herzen der Herborner gefunden hat, hat der zweite Herborner Hessentag, der 2016 stattfand, den Herbornern ein weithin sichtbares Wahrzeichen geschenkt, den Aussichtsturm am Dillblick. Das Landesfest vor Augen wurde der Turm, der in nur dreimonatiger Bauzeit entstand, am 20. Dezember 2015 eingeweiht. Hoch droben am Dollenberg schenkt er einen fantastischen Blick auf Herborn und die gesamte Dillebene. Hier schlängeln sich auf einer Grundfläche von 36 Quadratmetern rund 80 Stufen in die Höhe. 17 Meter hoch ist der Turm, der sich nach oben hin verbreitert und dort an beiden Seiten 1,5 Meter breiter ist. Die Photovoltaikanlage auf dem Dach versorgt eine Webcam und die installierte Beleuchtung mit Strom. Wer den Turm von außen betrachtet, sieht zwei in sich verschachtelte Fachwerkquader aus Douglasienholz, verborgen hinter einem gleichholzigen Lamellenvorhang, der ihn sehr luftig wirken und mit seiner asymmetrischen Plattform zu einem architektonischen Schmuckstück werden lässt. Doch ist es genau diese Plattform, die dem Besucher die Schönheit der Stadt Herborn zu Füßen legt. Man genießt einen wunderschönen und unverstellten Panoramablick beidseits der Dill, auf den Westerwald und das Lahn-Dill-Bergland, und weiß nicht so recht, ob man bleiben oder der Versuchung erliegen möchte, Herborn zu erkunden.

TIPP

Vom Dillblickturm hinab zu einem Stadtbummel in Herborns malerische Altstadt.

- Aussichtsturm Dillblick, Am Schönblick, 35745 Herborn, Tel. (0 27 72) 7 08 19 00 www.herborn-erleben.de
- ÖPNV: Bahnhof Herborn (etwa 20 Minuten Fußweg); ab BAB-Autobahnraststätte Dollenberg etwa 4 Minuten Fußweg

Nadelstiche ins Glück

46 High-Di Spezialnäherei in Siegen

High-Di Spezialnäherei, der Name verrät so ganz nebenbei eines, ist doch High-Di ein Synonym für den hohen Anspruch, den der Inhaber in Bezug auf Design und Qualität an sich selbst hat. Gleichzeitig ist der Name eine Wortspielerei, wurde die kleine Taschenmanufaktur doch von Joachim Heinrich Heidingsfelder gegründet. Das ist ein Vierteljahrhundert her. Die kleine Spezialnäherei in der Siegener Oberstadt fußt auf zwei Standbeinen. Da ist zum einen die Reparatur von hochwertigem Outdoor-Equipment namhafter Hersteller. Für rund 200 Händler mit insgesamt 500 Filialen werden hier Reparaturen durchgeführt. Markenzeichen aber sind jene Einzelanfertigungen, die der Meister mit Passion und Herzblut fertigt, bei denen er seine Kreativität in Form von eigenen Modellen auslebt. Die Taschen, Laptophüllen oder Tablethüllen, die so für ein qualitätsbewusstes Publikum entstehen, suchen ihresgleichen. Gemeinsam werden die Ideen besprochen, die die Besucher mitbringen. Heidingsfelder arbeitet mit bedruckten Planen, ausschließlich reinem Wollfilz, verfügt über eine unendlich große Auswahl an unterschiedlichsten reinen, langlebigen Rindsledern, Garnen, Nieten, Druckknöpfen, Ösen und vielem mehr. Welches Material soll Verwendung finden, in welcher Farbe, in welcher Dicke, welche Farbe soll das Nähgarn haben? Heidingsfelder nimmt sich Zeit (am besten ist es, einen Termin zu vereinbaren), er hört zu, zeigt, wie es aussehen könnte, wie es sich anfühlt, wie es sich anfühlen könnte, flauschig-weich oder doch eher robuster, beschafft das Material und berät kompetent, wenn Kunden eigene Materialien dabeihaben, die vielleicht nicht gut genug geeignet sind. Wer sich eine individuelle Tasche oder Hülle vom sogenannten Nähpapst fertigen lässt, sollte Wartezeit einkalkulieren. Die ist es aber auch allemal wert: Wer verfügt schon über eine maßgeschneiderte, attraktive, hochqualitative Tasche in eigenem und zeitlosem Design, die allein durch ihren Anblick verführt?

- High-Di Spezialnäherei und Taschenmanufaktur H. Heidingsfelder, Marburger Straße 24, 57072 Siegen, Tel. (02 71) 2 01 09
- ÖPNV: Bus R 10, R 51, C111, Haltestelle Kölner Tor (etwa 9 Minuten Fußweg); Siegen Bahnhof (etwa 15 Minuten Fußweg)

Nähseide

Mit Purzel und Sally im Wald

47 Der Wild- und Freizeitpark Westerwald

Der Wild- und Freizeitpark Westerwald weist einige Besonderheiten auf, die ihn zu etwas wahrhaft Besonderem machen. Das fängt mit seiner wunderbar wildromantischen Einbettung in den Naturpark Montabaurer Höhe, die bis ins idyllisch gelegene Gelbbachtal hinabreicht, an und setzt sich mit den über 20 hier beheimateten und in freier Wildbahn lebenden Tierarten fort. Weitere Besonderheit: Die Tiere dürfen gestreichelt werden und man darf Tierbabys die Flasche geben. Überhaupt, das Angebot für Kinder lässt ihre Herzen schneller schlagen und ihre Augen größer werden: mit Kindergeburtstagsangeboten, Rallyes, Streichelwiese und Überraschungspaketen. Ebenso besonders: die Sommerrodelbahn. Es ist spannend, zuzusehen, was – insbesondere – Kinder mehr fasziniert, die Naturrodelbahn (mit Lift zurück) oder das Beobachten der Tiere. Erwachsene hingegen sind davon begeistert, der herbstlichen Brunftzeit beizuwohnen. Verschiedene Hirscharten sind im Wild- und Freizeitpark zu Hause. Ende September, Anfang Oktober röhrt es im Wald, die Hirschbrunftzeit hat begonnen. Ein immer wieder erhabenes Schauspiel, welches sich über rund vier Wochen zieht. Es ist ohne Weiteres möglich, sich den gesamten Tag im Park zu bewegen, sich immer wieder aufs Neue überraschen zu lassen, immer wieder neue Entdeckungen zu machen. Finden sich hier doch freilebend Damwild, Rotwild, Schwarzwild, Wisente, Wildschweine, Schneeeulen, Iltisse, Füchse, Bergziegen, Esel, Tauben, Hühner, Waschbären, Gänse, Sibirische Uhus, Goldfasane, Vierhornschafe, Kaninchen … Doch sind die absoluten Publikumslieblinge, neben den Alpakas, Sally und Purzel, die beiden Braunbären des Parks. Selbst ohne Tiere ist der Park ein Erlebnis: Wie schön lässt sich der Park erlaufen, lässt es sich hier spielen und entspannen. Und hier lässt sich Heimat streicheln, fühlen, hören und riechen.

- Wild- und Freizeitpark Westerwald, Wildparkstraße 1, 56412 Gackenbach, Tel. (0 64 39) 2 33 www.wild-freizeitpark-westerwald.de
- ÖPNV: Bus 443, Haltestelle Gackenbach-Dies (etwa 30 Minuten Fußweg)

Am Ende des Römerreiches

48 RömerWelt in Rheinbrohl

Das Römische Reich hatte eine beträchtliche Ausdehnung im mitteleuropäischen Raum. Es erstreckte sich über die nordafrikanischen Küstenregionen, über die Gebiete des heutigen Spaniens, Frankreichs, umfasste das gesamte Mittelmeer. Selbst England war Bestandteil des Römischen Reiches. Uderzo und Goscinny machten uns mit den, den Römern widerstehenden, Galliern bekannt. Doch war es nicht nur jenes kleine gallische Dorf, welches dem römischen Heer entgegentrat, auch die bewaldeten Basalthänge des Westerwaldes stellten für den römischen Armeeapparat ein unüberwindliches Hindernis dar, zumal dort basaltschädelbewehrte Ahnen der Westerwälder logierten. Kurz nach Überschreiten des Rheines ging es für die römischen Invasoren nicht weiter. Die Höhen des Westerwaldes wurden von Römern nicht besiedelt, lediglich am Fuße des Westerwaldes finden sich römische Spuren. Rheinbrohl gehört dazu. Hier markierte der Limes die Grenze zur keltischen Germanenwelt. Nachdem das Welterbe-Komitee der UNESCO im Juli 2005 die Aufnahme des Obergermanisch-Raetischen Limes als Teil des neuen Welterbes „Grenzen des römischen Reiches“ beschlossen hatte wurde die RömerWelt Rheinbrohl zum offiziellen Limesinformationszentrum für Rheinland-Pfalz eingerichtet. Seitdem lässt sie Groß und Klein in die Römerwelt (der Name ist hier Programm) eintauchen. Neben Informationen zur Funktion des Limes laden interaktive Stationen zum Mitmachen ein. Der Küchen- und Kräutergarten, eine Mannschaftsstube und römisches Handwerk bieten viele Möglichkeiten, das Leben der Römer mit allen Sinnen zu entdecken. In Workshops, aber auch bei Veranstaltungstagen ist man mittendrin im Geschehen. Und ganz nebenbei erfährt man, dass der Limes eine offene Grenze war: Germanen und Römer lebten einträchtig, friedliebend und handeltreibend beisammen. Kriege stehen nur in den Geschichtsbüchern. In Rheinbrohl wird der Alltag in Frieden gelebt. Zum Glück.

- RömerWelt am Caput Limitis, Arienheller 1, 56598 Rheinbrohl, Tel. (0 26 35) 92 18 66, www.roemer-welt.de
- ÖPNV: Bus 170, Haltestelle Rheinbrohl-Berufsbildungszentrum (etwa 11 Minuten Fußweg); Bahnhof Bad Hönningen (etwa 30 Minuten Fußweg); Bahnhof Rheinbrohl (etwa 35 Minuten Fußweg)

Rote Rose Rosemarie

49 Der Rosengarten Hadamar

2.000 Rosenstöcke. 200 Sorten Blütenvielfalt. 3.600 Quadratmeter Fläche. Rosenpracht und Blütenduft. Das ist es, was den Hadamarer Rosengarten auszeichnet. Der Sommer, am besten der Juni, das ist die Zeit, in der der Genuss am farbenprächtigsten daherkommt. Doch den Rest des Jahres ist der Garten auf dem Plateau des Herzenberges in Hadamar ebenso inspirierend. Für die Seele ebenso wie für den eigenen Garten. Hier fließen Blumenpracht, Beetgruppen, Brunnen und Rasenflächen zu einer harmonisierenden Gesamtheit zusammen. Man spürt förmlich die romantische Sprache der Rosen, die aus der sorgsam und voller Herzblut konzipierten Gestaltung zu einem spricht. Zu verdanken ist dieses Idyll dem ehrenamtlichen Engagement des Vereins der Rosenfreunde Hadamar e. V., der sich am 5. Juli 1996 mit dem Ziel gründete, diesen Rosengarten auf dem Gelände der Katholischen Kirchengemeinde Hadamar zu errichten. Der Verein hat Phänomenales geleistet, hat dem Garten und seinen Besuchern ein eigenständiges gemeinschaftlich entwickeltes Design geschenkt, dass Gartenbauarchitekten aus dem Staunen nicht mehr herauskommen. Rund um das zentral angelegte Rosenkarree, den größten Gartenteil, finden sich acht weitere Gartenteile, die der Idee des klassischen Englischen Gartens (nicht zu verwechseln mit dem Englischen Landschaftsgarten) folgen.

TIPP

Am Wochenende ins Scheunencafé nach Hadamar-Faulbach oder in den angeschlossenen Biomarkt.

Chinesische Elemente (Feng-Shui), französische Elemente (geometrische Flächen) und englische Elemente (natürliche Verspieltheit) verschmelzen hier zu einem malerischen Kunstwerk. Jeder der weiteren Gartenteile zieht den Besucher in den Bann: ob es nun der Holländische Garten (hier dominiert die Farbe Orange) ist, der Französische Bauerngarten mit auf Spalier gezogenen Heckeneiben und hohen Zierbirnbäumen oder der versunkene Garten, der an ein grünes Amphitheater erinnert. Der Rote Garten? Der Duftkräutergarten? Der Rosenpavillon? Man weiß nicht, welcher der neun Gartenteile letztlich der eigene Favorit ist. Man ist verzaubert. Man kommt wieder. Und ist wieder verzaubert.

● Rosengarten Hadamar e. V., Auf dem Herzenberg, 65589 Hadamar, Tel. (0 64 33) 94 63 78, www.rosengartenhadamar.wordpress.com
● ÖPNV: Bahnhof Hadamar (etwa 16 Minuten Fußweg)

Elfen mit bunten Flügeln

50

Der Garten der Schmetterlinge Schloss Sayn

Wohl alle haben sich schon von Schmetterlingen bezirzen lassen, jenen leichten, meist kunterbunten und farbenfrohen Sommervögeln (wie sie in der Schweiz auch genannt werden). Sie verbreiten gute Laune und erfreuen das Herz. Es kommt nicht von ungefähr, dass die Formulierung, Schmetterlinge im Bauch zu haben, die schönsten Zeiten umschreibt, die wir im Leben genießen. Schmetterlinge leben auf der ganzen Welt, die Antarktis einmal ausgenommen. Sie haben zwei Augen und zwei Fühler, mit denen sie tasten, schmecken und riechen können. Selbst die Temperatur können sie erspüren. Sie haben zwei Vorder- und zwei Hinterflügel, die mit Schuppen bedeckt sind. Diese sind es, die jenes bunte Muster abgeben, welches unser Herz im wahrsten Sinne im Fluge erobert. Die Farbmuster auf den Flügeln sind übrigens immer symmetrisch. Sollte sich auf den Flügeln ein Muster finden, das aussieht wie Augen, dann ist dies zur Abschreckung von Feinden gedacht. Es gibt viel zu sehen im Garten der Schmetterlinge Schloss Sayn im Kulturpark Sayn in Bendorf. Der Schmetterlingsgarten, der 1987 eröffnet wurde, entführt in zwei großen Freiflughallen in eine tropische Zauberwelt von tausendundeinem Schmetterling, das Ganze in einem Umfeld von Orchideen und Bananenstauden. Sanft plätschern die künstlich angelegten Wasser, hölzern geschwungene, kleine Brücken führen durch die Hallen, immer wieder, eingebettet in die Flora, laden Sitzgelegenheiten zu einer Auszeit ein. Schmetterlinge fliegen vorbei oder eine Indianer-Schmuckschildkröte zwinkert einem zu, während soeben noch ein Koi-Karpfen grüßte. Zwischen all diesem regen die über den gesamten Hallenbereich verstreut platzierten Weisheiten zum Nachdenken an, erweitern die ebenfalls hinterlegten Informationen im wahrsten Sinne im Vorbeigehen den eigenen Horizont, verraten etwas über die Lebensumstände der luftig-leichten und bunten Wesen und über die umgebende Pflanzenwelt, beispielsweise dass die Schmucklilie auch Liebesblume genannt wird.

TIPP

Am Fuße des Burgberges zu Sayn liegt eines der schönsten Schlösser des Rheins.

- Garten der Schmetterlinge/Fürstenschloss und Schmetterlinge Sayn, Im Fürstlichen Schlosspark, 56170 Bendorf-Sayn, Tel. (0 26 22) 1 54 78, www.sayn.de/garten-der-schmetterlinge
- ÖPNV: Bus 8, Haltestelle Sayn-Schloss (etwa 7 Minuten Fußweg); Bus 107, Haltestelle Bendorf-Stadtpark (etwa 30 Minuten Fußweg)

Die älteste Brennerei

51

Die Struthof-Brennerei in Unnau

Inmitten von wogenden Kornfeldern, alten Eichen und duftenden Wildkräuterwiesen liegt die Struthof-Brennerei, die älteste Brennerei des Westerwaldes. Seit 1766 wird hier das Brennrecht von Generation zu Generation weitervererbt. Die geheimen Rezepturen der Vergangenheit dienen als Grundlage und Inspiration für aromatische Brände, edle Destillate und leckere Liköre. Marianne Lieber heißt die Brennerin, die in dem kleinen Handwerksbetrieb nach traditionellen Methoden brennt und mit viel Sachverstand und Gefühl für die verwendeten Zutaten, den Botanicals, diese destilliert. Der acht Jahre im Eichenfass gereifte Westerwälder Single Malt Wolfstone wurde hier erschaffen sowie der zehn Jahre alte Caribbean Oak Rum, eine Köstlichkeit! Drei Gins hat sie kreiert, die, hat man sie erst probiert, verzückte Gesichter und Mienen hinterlassen. Dass die würzig-frische Süße des Gin Verde aus 57 Botanicals wie Kamille, Verbene, Weißdorn, Kornblumen und grünem Haferstroh (der ihm seine charakteristische Farbe verleiht) basiert, ist spannend zu wissen, interessiert aber dann nur noch am Rande, wenn man ihn getrunken hat: Er schmeckt für sich! Tja, und dann gibt es noch eine Wäller Edition, eine Gartenedition … Nur Früchte mit hervorragender Qualität und ausgeprägter Süße werden für die Brände verwendet und nach traditionellen Rezepten vorbereitet, eingemaischt und mazeriert. Danach beginnt im glänzenden und aufgeheizten Kupferkessel die Verwandlung in feinen Alkoholdampf, der langsam tröpfelnd die Brennblase verlässt, was schon etwas Magisches hat. Marianne Lieber brennt mit Herzblut wie kaum eine andere. Das sieht man ihr an: Wer, wenn nicht sie, verfügt über das Gefühl und die Erfahrung, die richtige Temperatur und den richtigen Zeitpunkt zu erfassen, das „Herz des Brandes“ zu finden und es von Vor- und Nachlauf zu trennen. Der so entstandene aromatische hochprozentige Alkohol wird sodann mit Quellwasser auf Trinkstärke gebracht, reift in Eichenfässern, bevor er in Flaschen und Tonkrüge abgefüllt wird.

TIPP

1 Kilometer aufwärts grüßt mit der Weynand-Brennerei noch ein „geistreicher“ Manufakturgeheimtipp.

- Struthof Brennerei, Struthof 1, 57648 Unnau, Tel. (0 26 61) 24 61 www.brennerei-struthof.de
- ÖPNV: Bahnhof Nistertal-Bad Marienberg (etwa 18 Minuten Fußweg)

Urige Ölmühle an der Wied

52

Die Ölmühle in Waldbreitbach

Letztlich ist die Überschrift „Urige Ölmühle an der Wied" zur Beschreibung dieses Glücksortes nicht ausreichend, handelt es sich hier doch um ein ganzes mahlend-malerisches Ensemble, welches aber schwierig in einen griffigen Titel zu fassen ist. Zu finden sind eine Ölmühle, ein Bootsverleih, eine Biergartenterrasse, ein vorbeifließender Fluss (die Wied), ein Handwerksmuseum, ein uriges Kaffeehaus – zu viel für eine Überschrift. Doch nun zur Ölmühle, durch deren sich wohlig drehendes Mühlrad das Wasser des Mühlengrabens den Weg in die Wied findet. Sie ist die älteste dieses Bautyps im Rheinland und diente, wie der Name schon sagt, der Ölgewinnung. Bis ins Jahr 1948 wurden hier Öle aus Leinsamen, Raps, Mohn, Sonnenblumen, Rübsamen oder Bucheckern hergestellt. Wenn man sich vor Augen hält, einen Zentner Bucheckern mahlen zu müssen, um elf Liter Öl zu erhalten, kann man sich vorstellen, welche Mengen in der Ölmühle tagaus, tagein gemahlen wurden. Das innere Triebwerk des Kollerganges, wie zum Beispiel Wellen, Kronenrad und Zahnräder (damals Kammräder genannt), ist komplett aus Holz gefertigt und stammt noch aus der ersten Zeit der Mühle. Tagsüber ist die Mühle, die seit dem Jahre 1976 nach umfänglicher Restaurierung vom Waldbreitbacher Verkehrsverein, den „Bräge Jongs", liebevoll umsorgt wird, zur Besichtigung freigegeben. Es ist erquicklich, sich von den drehenden Mühlrädern in märchenhafte Zeiten zurückversetzen zu lassen. Es ist sicherlich der Attraktivität der Ölmühle geschuldet, dass sich in unmittelbarer Nachbarschaft ein uriges Kaffeehaus findet, genau das Richtige für eine kurze Kaffee- oder Teepause mit hausgemachtem Kuchen aus Großmutters Küche. Passend hierzu zeigt das im gleichen 300 Jahre alten Gebäude befindliche Handwerksmuseum Szenen aus dem Leben vormaliger Zeit. Und dann ist da auch noch der Biergarten, der zum Bootsverleih gehört, welcher das an Wied und Radweg liegende Kleinod komplettiert. Es wirkt wie eine einem Märchen entnommene Szenerie, Ruhepause inbegriffen.

- Ölmühle Waldbreitbach, Am Wiedufer 10, 56588 Waldbreitbach, Touristik-Verband Wiedtal e. V., Tel. (0 26 38) 40 17
- ÖPNV: Bus 131, 136, 137, Haltestelle Mitte, Waldbreitbach

Lieblingslieblingstiere

53

Der Tierpark Herborn

Manchmal sind es Eingebungen, manchmal spontane Entscheidungen, manchmal Gezwitscher, ein andermal trägt der angenehm säuselnde Wind wohlklingendes und beruhigendes Pfeifen in menschliche Ohren. Wenn solche Ohren zu Menschen gehören, die dem Ornithologischen sehr zugetan sind, kann dies zu einer Vereinsgründung führen. In Herborn führte dies letztlich im Jahr 1973 zur Eröffnung des Vogelparks Uckersdorf. Ein zirpender und tirilierend bunter Wohlfühlort für die ganze Familie war begründet. Immer mehr Volieren, Gehege, gleichzeitig aber auch neue Tierarten kamen hinzu, die Besucherzahlen stiegen rapide weiter an, der Vogelpark wurde zu einem Aushängeschild. Seit dem Jahr 2002 beteiligt sich die Stadt Herborn maßgeblich und aktiv an seinem Schmuckstück, der nicht mehr nur Vogelpark, sondern Vogel-, Naturschutz- und Tierpark ist. Und was für einer! Wer Kindern nach dem Besuch des Tierparks die Frage nach ihren Lieblingstieren stellt, wird erstaunt feststellen, dass sich etwas verändert hat. Zu den Lieblingstieren sind nun noch Lieblingslieblingstiere hinzugekommen! Häufig sind dies die Erdmännchen, die in einem großen Gehege die Herzen erobern, doch halt, da sind ja auch noch die neugierigen Lisztaffen, Kakadus und Aras, die mit erhabener Farbenpracht grüßen, Chica und Juan Pablo, die beiden Molukkenkakadus, die eine Familie gründen wollen, Störche und Flamingos, Paradieskraniche, heimische Eidechsen, Sumpfschildkröten, ein Papageienkindergarten. Argusäugig wird man von einer Eule beobachtet, unweit des Enten- und Schwanenteichs kann man Muntjaks beobachten. Muntjaks? – Man lernt viel im Park, nicht nur, dass Muntjaks eine aus Asien stammende Hirschart sind, sondern man lernt auch viel über Natur- und Artenschutz. Ist es doch erklärtes Ziel, die Menschen für Tiere zu begeistern, um so ein Bewusstsein für den Schutz der Lebensräume zu entwickeln.

TIPP

Unbedingt sollte man mindestens einer der öffentlichen Fütterungen beiwohnen.

● Tierpark Herborn, Im Beilsbach 16, 35745 Herborn-Uckersdorf, Tel. (0 27 72) 4 25 22
www.tierpark-herborn.de

● ÖPNV: Bus 510, Haltestelle Im Beilsbach (etwa 5 Minuten Fußweg)

Wald-und-Wissen-Glück

54 Schloss Schönstein in Wissen-Schönstein

Schloss Schönstein liegt unweit des Luftkurortes Wissen, der auch Sitz der Verbandsgemeinde ist, zentral zwischen den nördlichen Ausläufern des Westerwaldes an den Übergängen zum Bergischen Land und dem Siegerland, an einem der malerischsten Flecken des Westerwaldes. Direkt hinter dem Schloss fließt der kleine Elbbach in die Sieg. Der dreiteilige Schlossbau ist eine ausgesprochene Augenweide. Er besteht zum einen aus der „Freiheit", dem von Fachwerkgebäuden und hohen Bäumen beschatteten Vorhof des Schlosses, zum anderen aus dem Burghof, der durch einen aus Basaltlava gefertigten Rundbogen erreicht wird, und zum Dritten aus dem eigentlichen Hochschloss. Der kleine, aber feine Schlosspark, der vom Schloss aus über eine kleine Steinbrücke betreten werden kann und zum Ausspannen einlädt, komplettiert das Gesamtkunstwerk. Wer möchte sich nicht in eine märchenhafte Welt entführen lassen? Dennoch mag ein „Schlossglück" nicht nur in seiner Lage und seiner baulichen Erscheinung an sich begründet sein. Zuweilen kommt – glücklicherweise – noch hinzu, was mit dem Anvertrauten gemacht wird. Im Falle der Fürstlich-Hatzfeldt-Wildenburg'schen Kammer sind dies über 15.000 Hektar Waldfläche, die unter der Leitung des Schlossherrn Nicolaus Graf von Hatzfeldt nachhaltig bewirtschaftet werden. Aus einstigen Monokulturen wurde Mischwald, die Wilddichte wurde reduziert, sodass keine Zäune mehr notwendig sind. Der Nadelholzanteil blieb hoch, der bestehende Fichtenanteil wird immer mehr um Lärche, Tanne oder Douglasie ergänzt. Gefällt werden nur noch Einzelstämme, auf Kahlschläge wird verzichtet. Waldböden werden möglichst wenig, das heißt nur auf den Rückegassen, befahren. Düngemittel und Biozide werden nicht eingesetzt, auf den Einsatz gentechnisch manipulierter Bäume wird verzichtet. Die Rehwildbejagung wird ausschließlich unter dem Blickwinkel des Waldschutzes durchgeführt. Diese gelebte Naturnähe wurde im Jahr 2016 mit der Auszeichnung „Forstbetrieb des Jahres" belohnt.

TIPP

Wissen, wo Kultur ist: Aus einer alten Halle des Wissener Walzwerks entstand das kulturWERK.

- Schloss Schönstein, 57537 Wissen, Tel. (0 27 42) 93 19 10
www.hatzfeldt.de
- ÖPNV: Bus 567, Haltestelle Schönstein Schloss; Bahnhof Wissen/Sieg (etwa 20 Minuten Fußweg)

Bei Frodo und Winnetou

55 Im Auenland des Outdoor-Zentrums Lahntal

Manfred Köhnlein hat etwas Erstaunliches geschaffen, am Fuße des Westerwaldes, nur wenige Kilometer von der Lahn entfernt. „Raus in die Wildnis“ könnte man sagen, in Zeiten, da Zelten nicht mehr den Ansprüchen genügt. Köhnlein hat all das verwirklicht, was bei kleinen wie auch erwachsenen Abenteurern die Herzen höherschlagen lässt. Selbst Geschäftsmann Köhnlein wird hier wieder zum Kind. Im Outdoor-Zentrum haben alle ihren Spaß, und man kann inmitten des Waldes tun, was das Herz begehrt.

Hier ist es erlaubt, ja geradezu Pflicht, sich waldgerecht zu kleiden. Im Outdoor-Zentrum kann man eine Kanutour auf der Lahn machen, sich im Bogenschießen versuchen, einen Hochseil-Parcours bewältigen oder im Streichelzoo auf Tuchfühlung gehen. Es können Kutschfahrten unternommen und E-Bikes geliehen werden. Noch beliebter sind die Tier-Spaziergänge. Mit den Eseln Gandalf, Gimli, Joschi und Maxi oder den Alpakas Mauritio, Sola, Sultan, Jakomo und Emilio geht es auf Tour durch den Wald. Auch Ponys warten auf ihren Einsatz.

Die Zahl der Attraktionen ist hoch, man sollte unbedingt über Nacht bleiben. Verstreut im Wald stehen echte Indianer-Tipis, in denen bis zu 20 Personen schlafen können. Es ist schon etwas Tolles, im Tipi zu sitzen, und dem Lagerfeuer – im Tipi! – beim Knistern zuzusehen. Mindestens ebenso spannend ist es, in die Welt der Waldgeister und der Hobbits einzutauchen. Im Outdoor-Zentrum ist es möglich, selbst ein Teil des Auenlandes zu werden, in einem echten Hobbithaus zu wohnen, das von Schönheit, Ästhetik und Detailreichtum kaum übertroffen werden kann. Auch die Waldschlösschen, Tiny- und Stelzenhäuser haben ihre eigenen Reize. Hier finden alle das Bett, das am besten zu ihnen passt. Dann heißt es am nächsten Morgen direkt nach dem Aufwachen wieder: Raus in die Wildnis!

- Outdoor-Zentrum Lahntal, Märchen- und Freizeitpark Ulmtal, Märchenpark 1, 35753 Greifenstein-Allendorf, www.outdoor-zentrum-lahntal.de
- ÖPNV: Bus 120, 125, Haltestelle Greifenstein-Allendorf Outdoor-Zentrum

Yeah! Yeah! Yeah!

56 Das Beatles Museum in Bad Ems

Axel Ketterer sieht man seine Passion auf den ersten Blick nicht an. Wenn man ihm begegnet, weiß man nicht so recht, ob da ein Bluesmusiker der alten Schule vor einem steht oder ein Wolle-Petry-Fan. Klar ist aber eines, irgendetwas Besonderes hat es mit ihm auf sich. Und in der Tat, es hat mit Musik zu tun, mit fabelhafter Musik, mit den Fab Four, wie die Beatles genannt werden. Mitten im Zentrum der Kurstadt, vis-à-vis zum Kurpark, nur wenige Meter von der Lahn entfernt, befindet sich das Beatles Museum im Stockwerk über dem darunterliegenden Yellow Submarine Café, welches sich nicht so recht entscheiden kann, ob es ein Café oder doch eher eine klassische Musikkneipe mit abendlicher Livemusik sein möchte. Hinweis für Nichtraucher: Im Café darf geraucht werden, nicht im Museum. Die Zugangstür zum Museum findet sich hinter dem Café-Tresen. Durch das Treppenhaus des Altbaus führt der Weg in die nächste Etage. Im Museum wird man von Tür zu Tür immer ehrfürchtiger, denkt zunächst: „Nun ja“, dann: „Aha“, um zu einem „Oho“ überzugehen und sich letztlich selbst völlig in der Beatlemania zu verlieren. Auf 120 Quadratmetern sind in über fünf Räumen über 10.000 Exponate verteilt. Dem Bravo-Starschnitt aus den Jahren 1965/66 sieht man es nicht an, er musste über 40 Wochen gesammelt werden. Vom legendären Star-Club in Hamburg, wo die Pilzköpfe aufgetreten sind, gibt es hier ein Stück der Originalbühne. Eine Beatles-Spieluhrensammlung findet sich und eine Briefmarkensonder-edition aus Gibraltar. Von der limitierten Imagine-Box, einem der erfolgreichsten Alben von John Lennon, sind nur drei hergestellt worden. Eine hat ihre Heimstatt in Bad Ems. Autogramme, Eintrittskarten, Zippo-Feuerzeuge, Tassen, Kleider … Es gibt eigentlich nichts, was es nicht gibt, sogar Sachen, von denen man gar nicht wusste, dass es sie geben könnte. Eine eigene Leseabteilung lädt zum Schmökern ein, ein Haushaltsraum „mit Dingen, die in jeden Haushalt gehören“, stellt der Museumsdirektor augenzwinkernd fest. Melodien und Lieder klingen und schwingen über allem und noch lange in einem weiter.

TIPP
Einfach mal entspannt über die Kurpromenade in Bad Ems schlendern.

● Beatles Museum & Yellow Submarine Café, Römerstraße 19, 56130 Bad Ems, Tel. (0 26 03) 7 00 98 98, www.beatles-museum-bad-ems.de
● ÖPNV: Bahnhof Bad Ems (etwa 10 Minuten Fußweg)

THE BEATLES
THE BEATLES AT THE HOLLYWOOD BOWL
THE BEATLES
Musical Legends
British Hits
THE LIVE BEATLES A HISTORY OF THE BEATLES LIVE SHOWS 1957-1966
THE BEATLES
1964-1966
THE BEATLES FROM US TO YOU
THE BEATLES THE COMPLETE BBC SESSIONS
AT THE STAR CLUB HAMBURG 1962
MYSTERY TOUR

Aussicht mit Geschichte

57

Der Bismarcktempel in Dillenburg

Anhand dessen, was über die Zeiten Bestand hat, vermag man – ansatzweise – einzuschätzen, welche Leistungen Menschen erbracht haben. Gerade in der prädigitalen Welt sind Bauwerke, die einzelnen Personen gewidmet sind, ein Anhaltspunkt. Wenn man sich ein wenig mit Otto Fürst von Bismarck beschäftigt, wird man einige Informationen erhalten, war er doch Reichskanzler, preußischer Ministerpräsident, Bundeskanzler im Norddeutschen Bund und erster Kanzler des 1871 gegründeten Deutschen Reiches. Doch können Titel auch Muster ohne Wert sein. Verehrt wurde Bismarck vom Bürgertum vor allem für die in seine Regierungszeit fallende Einführung der Sozialversicherungspflicht, die Bildung eines Nationalstaates und die Wahrung des Friedens. Das von ihm zu verantwortende Sozialistengesetz (Versammlungsverbote, Zensur) sowie sein langwieriger Kulturkampf gegen die katholische Kirche fielen in der öffentlichen Wahrnehmung nicht wirklich ins Gewicht. Bismarck wurde schon zu Lebzeiten zum Mythos des Bürgertums. Der Bismarcktempel in Dillenburg ist unter anderem Teil dieses Mythos, einer von nur 16 Bismarcktürmen, die schon zu seinen Lebzeiten errichtet wurden. Obwohl es sich nicht um einen Turm handelt, sondern um einen Pavillon, ist dieser doch eine Augenweide und lädt zum Verweilen ein. Da spielt es auch keine Rolle, dass es sich um einen „Aussichtsturm ohne Befeuerungsmöglichkeit“, so die offizielle historische Beschreibung, handelt. Der liebevoll restaurierte Ausflugspavillon schenkt eine wunderbare Aussicht auf das im Tal liegende Dillenburg und grüßt den gegenüberliegenden Wilhelmsturm. Spannend, das Gefühl, das das Verweilen im „Turm“ erweckt. Man fühlt sich wie in einer Tiefseeglocke, man beobachtet, ist fernab vom Schuss, fühlt sich wie ein über den Dingen und den Zeiten schwebender Beobachter. Die Zeitreise in den Bismarcktempel ist eine beruhigende Auszeitreise, ein Faszinosum. In diesem Bismarcktempel findet sich keine Politik, aber ein wohlfühliges Innehalten.

TIPP

Man sollte nicht versäumen, den Wilhelmsturm zu besuchen, Wilhelm von Oranien stammt von hier.

- Bismarcktempel, 35683 Dillenburg, Tourist-Information Dillenburg, Tel. (0 27 71) 89 61 51
- ÖPNV: Bahnhof Dillenburg (etwa 30 Minuten Fußweg); Bus 101, Haltestelle Hohl

Die gute alte Zeit

58 Landschaftsmuseum Westerwald in Hachenburg

Wer hat noch nicht von der guten alten Zeit sprechen gehört? Kaum einer, der selbst noch nicht mit verklärtem Blick in die Vergangenheit geblickt hat, in der vieles besser gewesen sein soll, die famos von gegenwärtigen Malaisen abzulenken weiß. Diese oft herbeibeschworene gute alte Zeit war, was den Westerwald betrifft, eine Zeit voller Entbehrungen, harter Arbeit und großer Not. Zeiten, in denen die Menschen Ruhe, Einkehr und Besinnung fanden, waren knapp bemessen. Im Landschaftsmuseum Westerwald in Hachenburg wird die Zeit zurückgedreht, die Kulturgeschichte des Westerwaldes vom 18. bis 20. Jahrhundert ersteht eindrucksvoll wieder auf. Hier ist ein kleines, wunderschönes Dorf entstanden. Die Gebäude sind teils reetgedeckt, teils schiefergedeckt und schenken einen Querschnitt durch das damalige Leben. Baulich reicht dies von der Scheune aus dem Jahr 1680 mit mächtigen Eichenholzbalken über eine Ölmühle aus dem Jahr 1750 bis hin zum Westerwälder Kleinhaus, in welchem Bergleute, Tagelöhner und Wanderarbeiter mit nur bescheidenem Einkommen mit ihren Familien lebten. Der Steinofen im sogenannten Backes, dem Backhaus des Dorfes, aus dem Jahr 1850 ist voll funktionstüchtig. Wem es vergönnt sein sollte, einem Museumsfest beizuwohnen, sollte unbedingt eines der kernigen Backhausbrote mitnehmen. Die Einrichtungen in den Gebäuden lassen einen immer wieder neue alte Entdeckungen machen. Man sollte unbedingt seinen Geruchssinn beim Geruchsmemory testen! Im aus Norken stammenden typischen Westerwälder Bauernhaus, einem Haus mit Niederlass – einer heruntergezogenen Dachverlängerung –, lebten Menschen und Tiere unter einem gemeinsamen Dach. Eine alte Zahnarztpraxis wurde hier zusätzlich eingerichtet. Das Mühlenhaus gewährt wertvolle Einblicke in verschiedene Handwerke, vom Nagelschmied über den Wagner, den Drechsler bis hin zum Schuhmacher. Besonders beliebt ist die alte Schule von Obermörsbach. Überhaupt beflügeln viele Mitmachangebote die Reise in die Vergangenheit.

TIPP

Die Abtei Marienstatt liegt nur 5 Kilometer entfernt. Sie sollte unbedingt besucht werden.

- Landschaftsmuseum Westerwald, Leipziger Straße 1, 57627 Hachenburg, Tel. (0 26 62) 74 56, www.landschaftsmuseum-westerwald.de
- ÖPNV: Bahnhof Hachenburg (etwa 13 Minuten Fußweg)

1900
Geschichts-
erzählungen

Ein Wohlfühlort

59 Das bunte Linz am Rhein

Linz am Rhein wird häufig mit der drittgrößten Stadt Österreichs, der Landeshauptstadt Oberösterreichs, verwechselt. Von dort, dem Linz an der Donau, kommt die Linzer Torte. Von Linz am Rhein, am Rande des Westerwaldes gelegen, kommt die gute Laune. Denn die stellt sich unmittelbar ein, sobald man durch die verwinkelten Gassen der Altstadt schlendert. Linz ist eine der beliebtesten und wohl auch der schönste Ort, den der romantische Mittelrhein zu bieten hat.

Wer durch die verträumten Winkel flaniert, sich von den Bürgerhäusern, den farbenfrohen Fachwerkbauten – häufig reichlich verziert mit geschnitztem Gebälk – verzaubern lässt, wird schnell erkennen, aus welchem Grunde man Linz den Beinamen „Die Bunte Stadt am Rhein" gegeben hat. Noch heute werden die Linzer Fachwerkhäuser liebevoll nach handwerklich überlieferter Zimmermannskunst restauriert. Für das prächtige Fachwerkhaus in der Neustraße wurde kein einziger Nagel verwendet.

Im Jahr 874 als Linchesce erstmals urkundlich erwähnt, erhielt Linz um 1320 die Stadtrechte. 1365 ließ der Erzbischof von Köln Burg Linz als Zwing- und Zollburg im unteren Teil der Stadt errichten, Linz war damals das südlichste rechtsrheinische Bollwerk des Kurstaates Köln. Bis Anfang des 19. Jahrhunderts profitierte Linz davon, Zollerhebungsstätte zwischen den Bischofssitzen Mainz und Köln zu sein.

Die Burg selbst lockt mit einer Römischen Glashütte und Glasbläservorführungen, die Häuser um den Burgplatz stammen aus der Zeit zwischen dem 15. und dem 17. Jahrhundert. Besonders an sonnigen Tagen verführen die romantischen Cafés und Restaurants zum Verweilen. Der Weg hinauf zum mittelalterlichen Marktplatz wird gesäumt von Häusern aus fünf Jahrhunderten, am oberen Ende wartet das älteste Rathaus von Rheinland-Pfalz: Dreimal täglich lassen einen die verschiedenen Melodien der 23 Rathausglocken innehalten.

Wo die Vergangenheit Gegenwart ist, ist es wunderschön im Hier und Jetzt zu sein, um das Gestern heute zu genießen.

- 53545 Linz am Rhein
- ÖPNV: Bahnhof Linz

APOTHEKE
FRISEUR
BARBER
WC

Die Barfuß-Kräuterapotheke

60 Der Kneippsche Apothekergarten in Bad Marienberg

Gesundheit gehört zu den am meisten genannten Wünschen, die man anderen mitgibt, doch gibt es verschiedene Definitionen, was das überhaupt ist. Das Fehlen von Krankheit wird angeführt, meist aber wird das subjektive körperliche und geistige Wohlbefinden genannt. Es kann nicht schaden, ein Gefühl für den eigenen Körper zu haben oder zu entwickeln. Das erscheint ungleich zweckmäßiger und hilfreicher, als sich blind auf pharmazeutische Verschreibungen zu verlassen. Gesundheit liegt nur allzu oft in und an einem selbst, zuweilen auch zu unseren Füßen, oder sie wächst unmittelbar vor den eigenen Augen, wird aber nicht erkannt. So in Bad Marienberg, Kur- und Badestadt und ein Höhenluftkurort. Seit August 1967 darf sich die Stadt auch Kneipp-Heilbad nennen. Ein zweites gibt es im Westerwald nicht. Ganz in dieser kneippschen Tradition finden sich viele Angebote in der Stadt, so zum Beispiel der idyllisch gelegene Apothekergarten. Gleich neben einer herrlichen Streuobstwiese liegt dieser. Unter alten Apfelbäumen auf dieser Wiese verläuft der Barfußweg der Sinne, der über Kiesel, Stock, Verbundpflaster, Tannenzapfen, Holzscheiben, ein Wassertretbecken und Grünflächen führt und wieder Gefühle für den eigenen Körper wahr werden lässt. Man glaubt nicht, wie gut eine solch einfache Maßnahme einem bekommt! Der Kräutergarten selbst ist so etwas wie eine natürliche Wohlfühlapotheke, in der man Gesundheit riechen kann. Er wird liebevoll von der im Westerwald geborenen zertifizierten Kräuterexpertin Iris Franzen gepflegt, die auch Kräuterwanderungen, Workshops und Führungen im Apothekergarten anbietet. Gegen jede Krankheit, so heißt es, sei ein Kräutlein gewachsen. Welches Kräutlein gegen welches Wehwehchen hilft, welchen Nutzen Storchschnabel und Knoblauchsrauke haben, wogegen und wie angewandt Hirtentäschel oder Königskerze helfen, im Kneippschen Apothekergarten zu Bad Marienberg verraten viele übersichtliche und bebilderte Informationstafeln, was dort sprießt.

TIPP
Neben dem Apothekergarten gibt es eine Boule-Anlage.

- Kneippscher Apothekergarten und Barfußweg der Sinne, Kurpark Bornwiese, 56470 Bad Marienberg, www.badmarienberg.de
- ÖPNV: Bus 116, 463, Haltestelle Neuer Weg (etwa 2 Minuten Fußweg)

Besinnliches Kleinod

61 Das Kloster Ehrenstein im Mehrbachtal

Die Blütezeit der Klöster liegt einige Jahrhunderte zurück. Im Mittelalter waren sie nicht nur spirituelle Zentren und Zufluchtsorte, sondern auch bedeutende Machtzentren. Noch heute beeindrucken viele Klosteranlagen sowohl durch ihre Weitläufigkeit als auch durch ihre Wehrhaftigkeit. Kloster Ehrenstein weicht von diesem Bild ab, denn es wirkt so, als ob es von den Entwicklungen der Weltgeschichte vergessen worden sei, klein und versteckt, fernab jeglichen Lärms liegt es malerisch im Mehrbachtal. Der unmittelbar am Kloster vorbeifließende Mehrbach mündet in die nahe Wied und stellt die Grenze des Landkreises Altenkirchen zum Westerwaldkreis dar. Dass sich Neustadt an der Wied nur zwei Kilometer westlich befindet, mag man nicht glauben, so versteckt, wie die Klosteranlage liegt. Meisterhaft wurde sie eingefügt in die enge Schleife des Mehrbachs, liegt umgeben von Wanderwegen und hohen Bergrücken. Oberhalb von Kloster und Kirche erhebt sich eine Burgruine, auch sie heißt Ehrenstein. Die einstige Burgkapelle lag unterhalb der Burg. 1477 wurde sie ausgebaut und zur Pfarrkirche erhoben. Nach dreijähriger Bauzeit wurde dann 1488 neben der Kirche ein Kloster erbaut und fertiggestellt, das Kloster Liebfrauenthal, welches Chorherren des Kreuzherrenordens fortan bewohnten. Erst 1812 wurde es als eines der letzten Kreuzherrenklöster in Deutschland säkularisiert. Stets waren es Kreuzherren- oder Franziskanerorden, die abwechselnd im Kloster lebten. Waldbreitbacher Franziskanerinnen sind es, die heute dafür sorgen, dass das Kloster ein Ort der Stille, des Gebetes, der Besinnung, der Inspiration und der Achtsamkeit ist. Hier finden heute zahlreiche Veranstaltungen, Oasentage und Exerzitien statt. Kreativseminare werden ebenso angeboten wie Yoga oder Qigong. Gäste, Besucher und Wandersleut sind jederzeit willkommen und eingeladen, den Alltag zu vergessen. Sie können sogar eine Schlafstatt erhalten.

- Kloster Ehrenstein, Kreuzbruderweg 1–2, 53577 Neustadt, Tel. (0 26 83) 9 37 58 20 www.kloster-ehrenstein.de
- ÖPNV: Bus 120, Haltestelle Ehrenstein (etwa 4 Minuten Fußweg)

Das Dach des Westerwaldes

62 Die Fuchskaute bei Willingen

Die Fuchskaute ist mit 657,3 Metern der höchste Berg des Westerwaldes. Hier treffen sich die Westerwaldschleife des Rothaarsteiges, der Westerwaldsteig und der Missionsweg Nord-Nassau. Andere Wanderwege sind nach Königswinter oder Weilburg ausgeschildert. Auch der Europäische Wanderweg vom Bodensee zur Nordsee gönnt sich ein Stelldichein hier am höchsten Flecken des Westerwaldes, wo Landschafts- und Naturschutz die ursprüngliche Fauna und Flora der traditionellen Hutweide-Wirtschaft erhalten. In einer neuzeitlich geprägten Welt des Höher-Schneller-Weiter ist die Fuchskaute ein Geschenk: Sie schenkt ein Innehalten und ein Wahrnehmen, sie schenkt jenes natürliche Genießen, das all jenen vorenthalten bleibt, die auf der Schnellstraße des Eindrucksammelns schon längst zu neuen Attraktionen aufgebrochen sind. Eine wunderbare Oase der Natur. Das raue Klima hat hier Wiesen entstehen lassen, wie sie sonst für die Alpen typisch sind, zum Beispiel Borstgras sei hier genannt. Dieses wird nur 30 Zentimeter hoch und wird von Vieh ungern gefressen. Infolgedessen konnten sich auf der Fuchskaute viele niedrigwüchsige Kräuter wie Arnika, Blutwurz, Waldhyazinthe oder Thymian verbreiten. Dadurch wiederum fühlen sich Schmetterlinge und bestimmte Vogelarten hier besonders wohl, rund 300 Schmetterlings- und fast 50 verschiedene Vogelarten wurden hier gezählt. Apropos Arnika, nirgendwo in Rheinland-Pfalz wachsen so viele Arnika-Pflanzen wie auf der Fuchskaute. Hildegard von Bingen schrieb: „Wenn ein Mann oder eine Frau in Liebe erglüht, dann wird, wenn jemand sie oder ihn auf der Haut mit Wolfesgelegena (Arnika) berührt, der Berührte in der Liebe zum anderen verbrennen, und wenn das Kraut vertrocknet ist, dann werden Mann oder Frau durch die Liebesglut fast rasend, sodass sie schließlich unsinnig werden." Wäre es nicht wieder mal Zeit für ein Picknick mit dem oder der Liebsten …?

- Fuchskaute, 56479 Willingen/Westerwald
- ÖPNV: Bus 480, 971, Haltestelle Willingen/Westerwald (etwa 25 Minuten Fußweg); Bus 520, Haltestelle Waldaubach (etwa 30 Minuten Fußweg)

Loddoglück

63 Sardolci Feinkost in Limburg

Die Oma war schuld! Schon von klein auf hat Serena Loddo gerne in der Küche geholfen, mit den Händen gewirbelt, gerührt, geknetet, geschnitten, geschabt – immer, wenn sie in Italien, pardon, Sardinien war, denn Serena Loddo ist Sardin. Es war üblich, gemeinsam für die Verwandtschaft zu kochen. Schon nachts um drei Uhr wurde begonnen, frühmorgens wehte der Duft frisch gebackenen Brotes durch das Haus. Dieses Erleben, dieses Aufwachsen mit allem, was Großmutters Küche ausmacht, dies hat sie in sich aufgenommen, um es in Limburg an der Lahn neu erblühen zu lassen. Loddo hat Romanistik studiert, kennt sich nicht nur mit sardischer Küche aus. Als der kleine Laden direkt am Limburger Kornmarkt frei wurde, konnte sie nicht anders, als sich hier ihren Traum einer sardischen Genuss- und Gourmetmanufaktur zu erfüllen. Zum Glück, ist doch dieses Gefühl sardischer Genusskunst nicht zu überbieten. Die Zutaten, die hier verarbeitet werden, kommen fast alle direkt aus Sardinien – fast alles, was von Ziegen, Schweinen oder Schafen kommt, wird mit Fug und Recht als original sardischer Gaumenschmaus verzücken. Wer hier einen Ziegenkäse erwirbt, kann damit rechnen, dass Serena Loddo ihm den Namen der Ziege nennt, von der die Milch stammt. Durch die direkten Bezugswege aus Sardinien schmecken die Köstlichkeiten nicht immer gleich, es hängt von der jeweiligen Ernte ab. Artischocken gibt es nur im Februar und März. Und dann auch nur ca. 50 Gläser. Die schmecken dann aber auch unvergleichlich. Bei Steinpilzen, Mandeln, Olivenöl oder Kürbissen ist es ähnlich. Ist wirklich etwas nicht aus Sardinien, so ist es immer noch besonders, zum Beispiel biozertifiziert und aus der Region. Neben dem Verkaufstresen befindet sich der kleine Produktionsraum. Hier kann man zusehen, wie alles hergestellt wird, was hier verkauft wird. Das beginnt mit dem traditionellen und handgefertigten Kartoffelbrot, geht über ofengefertigte Lasagne bis hin zu gefüllten Ravioli und Pesto. Es riecht nicht nur wie in Sardinien, es schmeckt auch so.

- Sardolci Feinkost, Kornmarkt 1, Ecke Fleischgasse, 65549 Limburg an der Lahn, Tel. (0 64 31) 4 78 06 20, www.sardolci.de
- ÖPNV: Hauptbahnhof Limburg (etwa 5 Minuten Fußweg)

Serena

Spuren der Tempelritter

64 Die St.-Florinus-Kapelle in Asbach-Schöneberg

Die Pfarrkirche von Ütgenbach gilt als Sitz der ältesten Pfarrkirche des Westerwaldes, das Kirchspiel soll viele Ortschaften umfasst haben. Das Langhaus der noch vorhandenen Kapelle soll im 12. Jahrhundert erbaut worden sein, die ältere der beiden Glocken im Glockenturm stammt aus dem Jahr 1299. Um 1400 erfolgte der Anbau des gotischen Chores. Die Kapelle St. Florinus ist das einzige Überbleibsel des Ortes. Heute liegt sie einsam und vergessen im Wald. Nahe dem Gotteshaus spendet der geheimnisvolle Kapellenbrunnen heilkräftiges Wasser. Unweit sind die Reste eines Hügels mit Wall und Graben erkennbar: Hier stand einst eine Turmhügelburg, eine sogenannte Motte, eine eher kleine Befestigungsanlage, Sitz der Herren von Ütgenbach. 1330 zogen diese hinab ins Tal, gründeten Burg Ehrenstein, wo Ritter Rorich von Ütgenbach fortan lebte und sich Herr zu Ehrenstein nannte. Ein schöneres und stattlicheres Ensemble als jene Burg unweit der Mündung in die Wied hätte er kaum finden können. Hier setzen die Ungereimtheiten an. Historiker fragen sich, woher ein Ritter mit einer sehr kleinen Grundherrschaft wie die von Ütgenbach wohl das viele Geld gehabt haben könnte, um eine solche Burg wie Ehrenstein erbauen zu können. Könnten hier Templer im Spiel gewesen sein? Die galten als steinreich, hatten ein europäisches Bankensystem etabliert. 1312 wurden sie von Papst Clemens IV. verboten, aber nicht alle Templerschätze können eingezogen worden sein. Welche Bedeutung haben die unzähligen Flurbezeichnungen, die sich um Ütgenbach herum finden, welche immer wieder auf Tempel Bezug nehmen? Eine Tempelswiese, ein Tempelberg, ein Tempelgut oder ein Tempelhof sind hier zu finden. Hier wittert man tempelritternde Geheimnisse, verborgene Gruften, kryptische Rätsel, die entschlüsselt werden müssen, verwunschene Pfade, Mirakel, die gelöst werden wollen. Es kribbelt in einem, man betrachtet die Kapelle mit anderen Augen, ist mit Nicolas Cage wie im gleichnamigen Film dem „Vermächtnis der Tempelritter“ auf der Spur.

- Kapelle Ütgenbach, St. Florinus, Ütgenbacher Straße, 53567 Asbach
- ÖPNV: Bus 561, Haltestelle Krankel (etwa 12 Minuten Fußweg); Bus 564, Haltestelle Asbach-Markt (etwa 35 Minuten Fußweg)

Faszinosum Vergangenheit

65 Tertiär- und Industrieerlebnispark Stöffel

Der Westerwald hat unendlich viele schöne Flecken zu bieten! Ein Buch, welches sich auf 80 Glücksorte für den gesamten Westerwald beschränkt, wird immer eine Auswahl treffen müssen, die mehr oder weniger im subjektiven Auge des Betrachters liegen wird. Den Stöffelpark in diese Auswahl aufzunehmen fällt allerdings leicht – und doch schwer, müsste der Stöffelpark gleich mehrmals Eingang in dieses Buch finden. Und das liegt am Panorama, welches an eine verlassene Goldgräberstadt erinnert. Gemeint sind die Gebäude des einstmals Basalt abbauenden Betriebes der Firma Adrian. Des Weiteren liegt hier eine faszinierende Fossilienfundstätte, die sich über das 140 Hektar große Gelände des ehemaligen Basaltabbaugebietes erstreckt. Im sogenannten Tertiärum kann längst vergangenen Zeiten nachgespürt werden. Dann ist da noch die historische Werkstatt, bestehend aus ehemaliger Stellmacherei und alter Schmiede, die aufschlussreiche Einblicke in das frühere Arbeitsleben bietet. Vieles davon rührt die Gefühle. Die Besucher staunen über das Terrain der ehemaligen Basaltabbauanlage. Die Gebäude sind noch in alter Form vorhanden, es wirkt wie ein riesiger Abenteuerspielplatz. Man steht davor und fragt sich, welche Geschichten das Leben hier schrieb. Auf dem riesigen Steinbruchgelände, das ebenso liebevoll wie wohldurchdacht als Steinbrucherlebnisgarten angelegt ist, finden sich Teiche, Kunstinstallationen und lehrreiche Beete wie ein Hummel- und ein Nachtfalterbeet oder auch ein Steinfühlpfad. Glücksritter können auf Fossiliensuche gehen: Im Erlebniszentrum findet man Grabungen und eine wissenschaftliche Fossillagerstätte. Es kann auch selbst nach Fossilien gegraben werden – die Fundstücke können mit nach Hause genommen werden. Gerade Kinder begeistert dies. Doch selbst wenn nichts gefunden wird, belohnt der Stöffelpark dennoch, da er auf einzigartige Weise als spannendes Industriedenkmal Jung und Alt auf eine aufregende Zeitreise mitnimmt.

- Tertiär- und Industrieerlebnispark Stöffel, Stöffelstraße, 57647 Enspel, Tel. (0 26 61) 9 80 98 00, www.stoeffelpark.de
- ÖPNV: Bahnhof Enspel (etwa 10 Minuten Fußweg)

Bei den Heinzelmännchen

66 Die Heinzelmannshöhlen in Bad Ems

Wer den Geheimnissen der Kurstadt Bad Ems auf den Grund gehen möchte, dem seien die Heinzelmannshöhlen ans Herz gelegt. Wer sie besuchen möchte, sollte in Bad Ems am Parkhaus in der Grabenstaße Richtung Eintrachtgasse losgehen und der Wandermarkierung (rotes C auf weißem Grund) folgen. Schon 300 Meter nach Beschreiten des Felsenweges wird der Märchen- und Mytheninteressierte kleine, rundliche Öffnungen in der Felswand entdecken. Hier sollen sie gelebt haben? Oder? Ob sie immer noch hier leben, die Heinzelmännchen? Schon längere Zeit wurden keine mehr erblickt, auch die Wissenschaft kann aktuell nicht weiterhelfen. Als sicher erwiesen gilt, dereinst wohnten sie hier, tief im Berg in herrlichen Wohnungen, erbaut aus blinkendem und glitzerndem Blei, Silber, Gold und Edelsteinen. Im Einklang lebten sie mit den Bad Emsern, halfen diesen in warmen Sommernächten. Die Bad Emser ihrerseits bedankten sich und versorgten die Heinzelmännchen mit Speis und Trank. Diese wiederum, hocherfreut hierüber, ließen am Fuße des Bäderberges Heilquellen sprudeln und verrieten den Menschen, wo sie nach Silber und Blei graben konnten. Man sagt, dass sie noch heute tief im Berg wohnen, seit sie aber beim ungezwungenen Sonnenbaden gestört wurden, kommen sie nur noch zum Vorschein, wenn sie sich sicher vor Entdeckung fühlen. Für alle, die es prosaischer mögen: Eine weitverbreitete These zur Entstehung der Höhlen lässt vermuten, es handle sich um Karströhren, die durch Herauslösung des Kalkgesteins aus dem Felsen entstanden sind – zu einer Zeit, da der Grundwasserspiegel oberhalb der Heinzelmannshöhlen lag. Wer ganz leise bleibt, wird den Heinzelmännchen vielleicht doch begegnen. Wer hier noch weiter geradeaus geht, für den bietet es sich an, dem wildromantischen Felsenweg weiter bergan bis zum Concordiaturm zu folgen. Permanent führt er empor vorbei an schönen Aussichtsplattformen, Hütten und Plätzen wie beispielsweise dem Mooshüttchen, einem Treffpunkt für Verliebte. Fast alle diese Orte schenken einen traumhaft-grandiosen Blick ins Lahntal und über Bad Ems.

- Heinzelmannshöhlen, 56130 Bad Ems, vom Parkhaus in der Grabenstraße Richtung Eintrachtgasse, dann Wandermarkierung (rotes C auf weißem Grund) folgen
- ÖPNV: Bahnhof Bad Ems (etwa 15 Minuten Fußweg)

Glucksendes Glück

67 Die Westerwald-Brauerei in Hachenburg

Von der Westerwald-Brauerei in Hachenburg bekommt man DAS Bier des Westerwaldes! Die Brauerei ist eine Institution, die ihre Heimat, ihre Tradition nie verleugnet, dabei aber offen für neue Entwicklungen und Innovationen ist. Westerwald ohne Hachenburger Bier – das geht schlicht und einfach nicht, sind hier doch Geschmack, Qualität und Tradition vereint. Die Brauerei ist eine der ältesten Pils-Brauereien in Deutschland, gebraut wird seit 1861. Am bekanntesten ist das Hachenburger Pils. Die Westerwald-Brauerei hat ihren eigenen Weg gefunden, so braut sie ausnahmslos mit Aromahopfen. Aromahopfen trägt nicht umsonst das Wort Aroma im Namen. Zwar ist der Ertrag an Aroma- und Bitterstoffen, die beim Brauprozess entscheidend sind, niedriger, doch dieser Hopfen hat grundsätzlich mehr Aroma in sich. Und dieser Genuss ist seinen Preis wert. Zum einzigartigen Geschmack des Westerwaldbieres tragen aber auch andere Faktoren bei, so ist das Westerwälder Brauwasser ungewöhnlich mild. Als nur eine von 25 Brauereien in Deutschland, der Schweiz, Österreich und Italien braut man hier im Slow-Brewing-Verfahren. Hierbei gärt und reift das Bier langsam – im Gegensatz zur beschleunigten industriellen Massenproduktion. Das Slow-Brewing-Siegel gilt als das wohl härteste Qualitätssiegel für Bier in der Welt, denn die Biere werden monatlich vom Forschungszentrum Weihenstephan getestet und jedes Jahr aufs Neue zertifiziert. Jeder einzelne Schritt der Braukunst darf vor Ort in der Brauerei erlebt werden, schließlich handelt es sich hier um eine Erlebnisbrauerei. Warum nicht einfach Brauzeuge werden? Das Angebot ist groß, so werden Biersommelier-Verkostungen und Profi-Zapfkurse angeboten sowie verschiedene Erlebnistouren. Man kann auch sein eigenes Bier brauen, kann Brauer sein für einen Tag, indem man unter Anleitung eines erfahrenen Brauers in der modernen „Mikro-Brauerei" sein eigenes Hachenburger Bier braut. Und Vorsicht: Man kann sich in das Bier verlieben. Auch heiraten ist möglich, in den Gewölbekellern der Brauerei.

TIPP

Auch einen Besuch wert: der Hopfengarten der Brauerei entlang der Brauerei-Einfahrt am Gehlerter Weg.

- Westerwald-Brauerei H. Schneider GmbH & Co. KG, Am Hopfengarten 1, 57627 Hachenburg, Tel. (0 26 62) 80 80, www.hachenburger.de
- ÖPNV: Bahnhof Hachenburg (etwa 15 Minuten Fußweg)

Märchenhafte Küche

68

Die historische Schlossküche im Schloss Weilburg

Das Weilburger Schloss ist nicht nur das Wahrzeichen der Stadt, wie es dort über Weilburg thront, von einem wunderbar gepflegten Schlossgarten umsäumt, der selbst schon eine Reise wert ist – und in vielen Reiseführern entsprechend aufgeführt ist. Sondern es ist auch Blickfang und Märchen in einem und lädt zu einer einmaligen Besichtigung ein. Unten schlängelt sich die Lahn, die das Schloss an drei Seiten umschließt. Hoch oben vom Schlossgelände, was problemlos über den Marktplatz der Stadt barrierefrei erreicht werden kann, eröffnet sich ein romantisch-schöner Ausblick. Wer das Weilburger Schloss besucht, sollte seinen Aufenthalt jedoch nicht auf die bezaubernden Außenanlagen beschränken. Das Schloss beinhaltet ein Highlight, wie es nur noch selten anzutreffen ist: die Schlossküche. Diese wurde in den Jahren 1708 und 1709 vom Hofarchitekten Julius Ludwig Rothweil eingerichtet. Dank seiner weitsichtigen Einrichtung mit fließendem Wasser und einzeln beheizbaren Feuerstellen wurde sie bis ins Jahr 1866 benutzt. Nach französischem Vorbild wurden hier verschwenderisch zubereitete Speisen kreiert und kredenzt. Kartoffeln aus Amerika hatten damals gerade ihren Weg nach Europa gefunden. Sie waren eine Kostbarkeit. Ihr Verzehr war der Obrigkeit vorbehalten. Der Küchenmeister war nach dem Kanzleidirektor der höchstbezahlte Angestellte am Hofe des Grafen Johann Ernst zu Nassau-Weilburg. Wenn man heute in die Schlossküche kommt, meint man, man sei in einen dieser wunderbar schönen, alten tschechischen Märchenfilme versetzt. Wurde hier nicht „Drei Haselnüsse für Aschenbrödel" gedreht? Nein, wurde es nicht. Es wäre aber gut möglich. Das Empfinden, sich in einem märchenhaften Umfeld zu befinden, ist allgegenwärtig. Vor wenigen Minuten noch muss es hier von Menschen gewimmelt haben, müssen die Töpfe brodelnd über den Feuerstellen gehangen haben. Die Schlossküche Weilburg weckt Kindheitserinnerungen und entführt den Besucher in Märchenwelten voller Poesie, Fantasie und Genuss.

TIPP

Den tollen Schlossgarten Schloss Weilburg gilt es natürlich auch zu bewundern.

- Schloss und Schlossgarten Weilburg, Schlossplatz 3, 35781 Weilburg/Lahn, Tel. (0 64 71) 9 12 70, www.schloesser-hessen.de/weilburg.html
- ÖPNV: Bus LM-66, X-89, Haltestelle König-Konrad-Platz (etwa 4 Minuten Fußweg); Bahnhof Weilburg (etwa 45 Minuten Fußweg)

Wo es dem Teufel missriet

69 Die Wolfsteine bei Bad Marienberg

Der Westerwald ist steinreich. Im wahrsten Sinne des Wortes. An verschiedenen Orten finden sich Gesteinsformationen, die irgendwie deplatziert wirken. Ob das der Ketzerstein ist, der die Kompassnadel verrücktspielen lässt, oder ob dies wie bei Bad Marienberg die Wolfsteine sind, die unvermittelt inmitten des Waldesidylls mit reichlich leuchtend grünem Moos bewachsen hervorragen und auch jetzt noch wirken, als stammten sie aus einer anderen Welt. Es ist nachvollziehbar, die Menschen, die vor vielen Hunderten von Jahren hier lebten, hatten keine plausiblen Erklärungen für das Vorhandensein dieser Steine, sie lassen Vorbeiflanierende noch heute innehalten und überwältigt staunen. Wie man heute weiß, sind die beiden Gesteinsformationen Überreste eines in der Tertiärzeit vor ca. 23 Millionen Jahren entstandenen Basaltlava-stromes. Durch den sogenannten Wolfsteinrücken, ein Basaltblockfeld (dieser ist aber nicht zu sehen), sind sie miteinander verbunden. Überliefert indes ist eine andere Entstehungsgeschichte. Nach dieser wollte der Teufel einen Turm bauen, der bis in den Himmel hineinragen sollte. Zu diesem Zwecke sammelte er Unmengen mächtiger Basaltblöcke in den hiesigen Wäldern und band diese mit einer sogenannten Witt zusammen, um sie zum Fundament seines Himmelsturmes zu transportieren. Bei einer Witt handelt es sich um Weiden- oder Birkenreisig, das so lange gedreht oder „gebreiselt“ wird, bis es sich wie ein Strohseil binden lässt. Im Nu waren die Basaltblöcke zusammengeschnürt, der Teufel erhob sich mit Getöse, mit Witt und Steinen in die Lüfte, stob gen Turmbaustelle. Doch weit kam er nicht: Die Witt riss, die Steine purzelten mit Krach in den Wald zwischen Bad Marienberg und Unnau hernieder, wo sie noch heute liegen. Dumm gelaufen, gut gefallen. Am Fuße des Kleinen Wolfsteines hat die Kirchengemeinde Unnau eine wunderschöne Waldkirche eingerichtet, der nur 400 Meter entfernt liegende Große Wolfstein wirkt mächtiger und urtümlicher. Hier liegt zum Glück des Teufels Pech.

- Großer und Kleiner Wolfstein, 56470 Bad Marienberg
www.badmarienberg.de
- ÖPNV: Bus 483, Haltestelle Wildparkstraße (12 oder 22 Minuten Fußweg, je nach Startpunkt)

Runterkommidyll

70

Nassen's Mühle in Waldbreitbach

Es ist spannend, zu schauen, welche Wege eingeschlagen werden mussten, damit etwas zu der Güte reifen konnte, die es später auszeichnen wird. Dies gilt auch für Nassen's Mühle in Waldbreitbach. Idyllisch liegt das Lokal an der sanft vorbeifließenden Wied und am Fuße des dicht bewaldeten Mühlenberges. 1823 wurde hier eine Ölmühle gegründet, später als Getreidemühle genutzt. Von 1826 bis 1960 war die Mühle in Betrieb, ab 1909 versorgte sie zusätzlich den gesamten Ort mit Strom. Hierfür war ein eigens installierter Generator nötig. Reste der Wehrmechanik direkt an der noch heute zum Restaurant angrenzenden Mühle zeugen noch heute hiervon. Bevor Petra Nassen-Kerka dann 2011 die Mühle von ihren Eltern übernahm, die im Übrigen immer auch eine „freie" Mühle war, programmierte sie noch im Hamburger Hafen Gefahrguttransporte. Sie als Quereinsteigerin zu bezeichnen ist so abwegig nicht. Vielleicht ist es auch gerade diese Vergangenheit, die es ihr ermöglicht, den altbewährten Familienbetrieb mit Neuem zu verbinden. „Es ist immer wieder schön, anzusehen," sagt sie, „wie von ankommenden Gästen, wenn sie Platz genommen haben – auf der großen Freiterrasse lässt sich dies am besten beobachten –, langsam die Spannung weicht, wie sie langsam bei sich ankommen, sich wohlig in die Stühle fallen lassen." Inmitten wunderbar waldreicher Hügel küssen Westerwaldsteig und Wiedblicktour die Mühle. Auf der Terrasse sitzt man umgeben von einer herrlichen Waldwiese. Besonders schön ist es, wenn die Apfelblüten die Gäste umwehen, dann fühlt es sich an, als säße man ganz weit draußen. Im Hintergrund hört man herzhaftes Lachen – die Menschen, die hier arbeiten, fühlen sich wohl. Das schmeckt man – nur glückliche Köche kochen gut. Nassen's Waffeln sind berühmt und ein Muss. Heißt geliebt ist auch das selbst gebackene Brot im Blumentopf mit Schmalz in der Knoblauchsauce. Als Café und als Restaurant gilt Nassen's Mühle als Spitzenadresse für qualitätsbewusste Gäste. Überhaupt, alle Zutaten sind frisch zubereitet.

TIPP

Beidseits der Wied finden sich unzählige schöne Wanderwege sowie viele Kanu- und Paddelstationen.

- Nassen's Mühle, Am Mühlenberg 2, 56588 Waldbreitbach, Tel. (0 26 38) 9 43 57 www.nassensmuehle.de
- ÖPNV: Bus 131, 136, 137 Haltestelle Mitte, Waldbreitbach

Rasten, wo andere wandern

71 Die Ruhebank unterhalb des Knotens

Der Knoten ist mit 605 Metern einer der höchsten Berge des hessischen Westerwaldes, der Gipfel selbst liegt versteckt im Wald. Geologisch spannender sind die Wasserscheiden zwischen Ulm, Kallenbach, Faulbach und Lasterbach, die zu einem unterschiedlichen Klima an Nord- und Südhang führen. Da durch den basaltreichen Boden ein Pflügen und Anbauen von Getreide oder Kartoffeln unmöglich ist, hat man sich damit abgefunden, das Land als Futterwiesen für Rinder und Pferde zu nutzen. Futterwiesen, keine Felder, prägen diese Landschaft. Die Wanderwege rund um den Knoten sind ein munteres Wandervergnügen. Viele Naturbesonderheiten rechts und links der gut ausgebauten Wege und nur mäßige Anstiege machen sie zu den schönsten Wanderstrecken des hessischen Westerwaldes. Regelmäßig finden sie sich auch in Aufzählungen der schönsten Wanderstrecken Hessens. Es kommt nicht von ungefähr, dass hier am Knoten unzählige Wander- und Radwege vorbeiführen, ob es sich da um die Greifenstein-Schleife des Westerwaldsteiges oder den überregionalen Hessischen Radwanderweg R8 handelt. Kurze Strecken führen nach Rennerod, Mengerskirchen oder Driedorf oder umrunden den Knoten. Unweit des Gipfels steht ein Windrad auf der Wasserscheide, welches auch als Sonnenuhr dient, eine der größten und höchstgelegenen Sonnenuhren Deutschlands. Das Windrad selbst ist Zeiger der Sonnenuhr. Basaltfindlinge auf dem Boden legen die vollen Stunden der Uhrzeit fest. Doch unabhängig davon, ob man den Knoten erwandert, erradelt oder sich „uhrig“ sonnt, die schönste aller Knotensitzbänke liegt 200 Meter östlich des Loipenhauses des Ski Clubs Knoten Weilburg nahe dem oberen Ende des Skilifts und 400 Meter südlich der Sonnenuhr. Sie bietet einen wunderschönen Blick auf Lahnebene, Taunuskamm und Feldbergturm. Der Wind wispert liebevoll in den Blättern des nahen, erhabenen Baumes, streichelt einem das Gesicht. Hier ist der Platz, an dem man ankommt. Wandern, radeln, etwas sehen? Das spielt hier keine Rolle. Diese Bank, diese Rast, das ist Zu-Hause-Sein. Das ist Heimat.

- Ruhebank unterhalb des Knotens, beim Loipenhaus des Ski Clubs Knoten Weilburgund dem oberen Ende des Skilifts
- OPNV: Bus LM-12, Haltestelle Arborn (etwa 22 Minuten Fußweg); Bus 520, Haltestelle Mademühlen-Rotdornstraße (etwa 55 Minuten Fußweg)

Das Leben kann mondän sein

72

Häcker's Grand Hotel Bad Ems

Wussten Sie, dass Zar Alexander II. von Russland ein Neffe Kaiser Wilhelms I. war? Beide trafen sich immer wieder in Bad Ems, welches im 19. Jahrhundert seine Glanzzeit als „Weltbad“ und Sommerresidenz erlebte. Doch schon im 17. und 18. Jahrhundert galt Bad Ems als einer der berühmtesten Badeorte Deutschlands. Bad Emser Heilquellen haben und hatten Weltruf. Wer residierte, wer promenierte nicht alles in Bad Ems? Da wären die Zaren Nikolaus I. und Alexander II. von Russland zu nennen. König Georg IV. von England, Königin Amalie von Griechenland, König Leopold I. von Belgien zerstreuten und erholten sich. Kaiser Wilhelm I. war zwischen den Jahren 1867 und 1887 steter Kurgast im Östlichen Kurhaus, welches heute zu Häcker's Grand Hotel gehört. Fjodor Michailowitsch Dostojewski arbeitete hier an seinem epochalen Roman „Der Jüngling“ und ließ die Gebrüder Karamasow und Nikolai Wassiljewitsch Gogol in Bad Ems entspannen. Victor Hugo, Bettina von Arnim oder Johann Wolfgang von Goethe waren Gäste. Richard Wagner vollendete seinen „Parsifal“ in Bad Ems und Jaques Offenbach arbeitete hier zwölf Jahre als Konzertmeister, Teile von „Orpheus in der Unterwelt“ entstanden hier. Auch Niccolò Paganini, Carl Maria von Weber, Franz Liszt und Clara Schumann ließen sich inspirieren. Die Gediegenheit und die Mondänität, die unmerklich mit Nennung all dieser Namen einhergeht, sind in Häcker's Grand Hotel präsent wie einst. Man sitzt, leger gewandet, in der wohl ältesten Brunnenhalle Deutschlands, Teil des ehemaligen Kurhauses, genießt im heute als Foyer und Café genutzten Entree-Bereich des Hotels ein wohltuendes Heißgetränk und fühlt sich in eine andere Zeit versetzt. Dieser Ort adelt alle, die ihn besuchen, durch seine Eleganz und altehrwürdige Situiertheit. Wer hier weilt, ist, unvermittelt, Teil dieser vergangenen eleganten Welt. Dort hinten, drei Tische weiter, ist das nicht …? Nein?! Oder? Nein, das ist nicht Richard Wagner. Oder doch? Man verbeugt sich vor einem grandiosen Geschenk aus vergangenen Tagen.

TIPP

Die Spielbank liegt nur wenige Meter gegenüber. Oder durch den angrenzenden Kurpark flanieren.

- Häcker's Grand Hotel Bad Ems, Römerstraße 1–3, 56130 Bad Ems, Tel. (0 26 03) 79 90, www.haeckers-grandhotel.com
- ÖPNV: Bahnhof Bad Ems (etwa 8 Minuten Fußweg)

Eine romantische Schlucht

73

Holzbachschlucht und Hofgut Dapprich in Seck

Die Holzbachschlucht in Seck gehört zu den ältesten Naturschutzgebieten des Westerwaldes. Bereits 1929 wurde sie als ein solches ausgewiesen, 2016 kam die Auszeichnung „Geotop des Jahres“ hinzu. Über Zehntausende von Jahren hat der Holzbach hier an diesem Paradies gearbeitet, hat sich seinen Weg Millimeter für Millimeter, Zentimeter für Zentimeter durch den umliegenden Basalt gebohrt, das harte Gestein neu geformt. Zwischen Felsblöcken und bis zu 30 Meter hohen Felswänden gluckst der Holzbach. Die wildromantischen Uferseiten sind durch eine verwunschene, kleine Holzbrücke verbunden, gewaltige Stämme von Eichen, Eschen, Buchen, Ulmen und Ahorn biegen sich über kristallklarem Wasser. Man fühlt sich in märchenhafte, längst vergangene Zeiten versetzt: Wie damals spielen hier Kinder, die Zeit vergessend, im Bach, keiner wird von vorbeieilenden Radfahrern oder trabenden Rössern gestört. Für diese ist die Schlucht gesperrt, ungestört kann man hier die Seele baumeln lassen. Es ist eine üppige Pflanzenwelt, die hier zwischen steilen Hängen im verführerischen Bachtal gedeiht, das feuchte Schluchtenklima macht es möglich. Die spezielle Waldform trägt den verwirrend klingenden Namen Eschen-Ahorn-Steinschuttstatthangwald. Schautafeln am Wegesrand erklären die heimische Flora und Fauna, verraten, wo Schwarzstorch, Eisvogel, Ringelnatter, Wasseramsel oder Dachs zu Hause sind. 45 Minuten dauert es mindestens, die Schlucht zu erstaunen. Am Ende (oder am Anfang) liegt einer der wenigen Privatfriedhöfe, der verwunschene Familienfriedhof der Familie Schneider. Der krönende Abschluss des Ausflugs ist schließlich ein Besuch des Hofcafés auf dem Hofgut Dapprich. Bereits in der sechsten Generation wird dieser von Familie Schneider bewirtschaftet. Idyllisch und abgeschieden liegt das Hofgut, ein ehemaliges Dorf, das einst zum Hadamarer Grafenhaus gehörte, am Rande der Schlucht, inmitten des Naturschutzgebietes. Hier kann man es sich gut gehen lassen.

TIPP

Der romantische Schlossgarten Westerburgs ist nur 6 Kilometer entfernt.

- Holzbachschlucht und Hofgut Dapprich, 56479 Seck/Westerwald, Tel. (0 26 63) 91 87 20, www.hofgut-dapprich.de
- ÖPNV: Bus 480, Haltestelle Gemünden (etwa 10 Minuten Fußweg bis zum Schluchtbeginn) oder Haltestelle Seck-West (etwa 20 Minuten Fußweg bis Hofgut Dapprich)

Gemeinsam geht es besser

74 Das Raiffeisenhaus Flammersfeld

Dank Friedrich W. Raiffeisen fanden die Westerwälder einen ganz eigenen Weg, Not und Elend die Stirn zu bieten. Raiffeisen gilt, neben Hermann Schulze-Delitzsch, als Begründer der Genossenschaftsidee und die ist heute noch an nahezu jeder Ecke spür- und sichtbar, beispielsweise durch die Volks- und Raiffeisenbanken. Winzergenossenschaften gibt es ebenso wie Verlags- oder Taxigenossenschaften. Die hessische Verfassung schreibt vor, Genossenschaften zu fördern. 2016 nahm die UNESCO die Genossenschaftsidee in die Repräsentative Liste des immateriellen Kulturerbes der Menschheit auf. In Hamm/Sieg am 30. März des Jahres 1818 geboren, heißt es, Raiffeisen habe Armut in seiner dörflichen Umgebung schon früh kennengelernt. Das kann nicht ganz spurlos an ihm vorbeigegangen sein. Später als Bürgermeister in Flammersfeld residierte er in dem Gebäude, welches heute als Raiffeisenhaus besichtigt werden kann. Von hier initiierte er Aufforstung und Straßenbau. Durch die Gründung von ländlichen Genossenschaften konnten an Landwirte Darlehen vergeben werden, die es ihnen ermöglichten, Investitionen zu tätigen. „Flammersfelder Hülfsverein zur Unterstützung unbemittelter Landwirthe" nannte sich das damals. So trug er entscheidend zur Verbesserung der Lebensverhältnisse der Westerwälder Bauern bei und legte gleichzeitig den Grundstein für den heutigen Raiffeisenbankenverbund. Im historischen Raiffeisenhaus Flammersfeld, zentral in Flammersfeld neben einem liebevoll angelegten und gepflegten Bauerngarten gelegen, sind Leben und Wirken Raiffeisens detailgetreu und mit großer Sorgfalt nachgezeichnet. Auch der Aufnahme der Genossenschaftsidee als UNESCO-Kulturerbe ist ein Raum gewidmet. Es sind genau diese Orte, die Besucher daran erinnern, wie sinnvoll und hilfreich es doch ist, den Blick über den Tellerrand schweifen zu lassen. Orte, die bewusst machen, dass gegenseitige Hilfe und gemeinschaftliches Handeln mehr Wohlstand und Wohlbefinden stiften mögen als eindimensionales, nur ichbezogenes Agieren.

TIPP

An der Raiffeisenstraße liegen noch ein Raiffeisenmuseum, eine Raiffeisenskulptur und ein Raiffeisenturm.

- Raiffeisenhaus Flammersfeld, Raiffeisenstraße 11, 57632 Flammersfeld, Tel. (0 26 81) 8 51 93, www.raiffeisenhaus-flammersfeld.de
- ÖPNV: Bus 120, Haltestelle Flammersfeld Rathaus; Bus 132, Haltestelle Flammersfeld Raiffeisenstraße

Geborgenheit unter der Erde

75 Die Katharinenkapelle auf Burg Greifenstein

Burg Greifenstein hat viel zu bieten: zwei seltene Doppeltürme, eine Barockkirche, eine Burganlage und eine in der Bundesrepublik einzigartige Glockenwelt. Und dann entdeckt man völlig überraschend und fern vom touristischen Trubel noch ein ganz besonderes Kleinod: die Katharinenkapelle. Heute liegt sie tief versteckt unter der Erde. Als sie 1462 gebaut wurde, war das noch nicht so. Das geschah erst, als Burg Greifenstein 1676 zu einem barocken Schloss umgebaut und der Burghof mit Erde aufgeschüttet wurde. Zunächst betritt man die beeindruckende Barockkirche, deren Besichtigung allein schon lohnenswert ist. Gegenüber dem Altar, am anderen Ende der Kirche, da, wo der offizielle Kirchenraum endet, durchschreitet man dann eine Glastür. Jetzt befindet sich der Besucher quasi in den Privaträumen der Kirche. Links geht eine unscheinbare Tür ab, hier kleidet sich wohl der Pfarrer um, rechts eine ebensolche Tür, vielleicht ein kleiner Lagerraum. Hinter einer weiteren Tür auf der linken Seite führt eine Treppe tief hinab. Darf man wirklich einfach so in den Keller der Kirche hinabsteigen? Schließlich befindet man sich ja jetzt bereits im nicht öffentlichen Bereich. Ja, man kann – und sollte es unbedingt tun! Nach 20 tiefen Stufen erreicht man ein Zwischengeschoss und man kann nun endlich einen ersten Blick in die Katharinenkapelle werfen. Ein weiteres Stockwerk tiefer offenbart sie ihre ganze stille Pracht: eine einzelne Sitzbank und eine Glocke. Im Nebenraum noch ein historisches Burgmodell, das war's. Eigentlich ist in der Katharinenkapelle nichts, das man beschauen kann. Und doch strahlt dieser Ort eine unfassbar starke spirituelle Magie aus. Man fragt sich, warum das so ist. Warum berührt dieser Ort? Ist es die Verblüffung, völlig überraschend eine „vergessene" Kirche entdeckt zu haben? Ist es ihre archaische Schlichtheit? Ist es dieses Gefühl der Sicherheit, zwei Stockwerke unter der Erde? Draußen hetzen Menschen vorüber und tosen Stürme. Hier unten ist man sicher und geborgen.

TIPP

Wer die Burg besucht, sollte unbedingt in die magischen Klänge der Glockenwelt eintauchen.

Katharinenkapelle, Glockenwelt Burg Greifenstein, Talstraße 19, 35753 Greifenstein, Tel. (0 64 49) 64 60, www.burg-greifenstein.net
ÖPNV: Bus 530, Haltestelle Greifenstein

Über den Rhein schweben

76 Die Seilbahn Koblenz

Letztlich ist es ein Muss, einen Besuch in Koblenz bzw. der Festung Ehrenbreitstein mit einer Seilbahnfahrt zu verbinden. Seit Juni 2010 gibt es diese. Auch sie wurde wie die Aussichtsplattform Rhein-Mosel-Blick für die Bundesgartenschau 2011 erbaut. Mit einer Kapazität von rund 7.600 Passagieren pro Stunde ist sie gar die Luftseilbahn mit der weltweit höchsten Förderkapazität. Dieser Superlativ macht jedoch nicht nur den Reiz dieser sogenannten Dreiseilbahn aus, die vom unteren Abfahrtterminal in den Rheinanlagen in der Nähe der Basilika St. Kastor unmittelbar neben dem Deutschen Eck hinauf zur Festung Ehrenbreitstein führt. Die Bahn selbst ist es, die sich zu einem Faszinosum zwischen zwei Ausflugszielen entwickelt hat und von den Koblenzern als ein neues Stück Heimat lieb gewonnen worden ist. Der Rhein ist hier 287 Meter breit, die Seile spannen über eine Entfernung von rund 780 Metern. 1.300 PS sind nötig, um 18 Gondeln hinaufzuziehen bzw. herabzulassen. Während die Gondel mit einer durchschnittlichen Geschwindigkeit von 16 Kilometern pro Stunde über den Rhein schwebt, verändert sich ständig der Blickwinkel auf Rhein, Mosel, den Kaiser am Deutschen Eck, man sieht die Schiffe auf den Flüssen und hat einen fantastischen Blick über Stadt und Landschaft. Die 18 Gondeln der österreichischen Doppelmayr Gruppe sind mit viel Bedacht designt. Sie gewährleisten auf ihrer fünfminütigen Tour eine wunderbare Panoramasicht, sind bodeneben und damit barrierefrei und für Rollstühle, Kinderwagen und Fahrräder geeignet. Die Gondeln tragen Namen, die auf die umliegenden Landschaften verweisen. Die Westerwald-Gondel weist die Aussage auf: Gar nicht kalt – der Westerwald. Einen besonderen Nervenkitzel bietet eine Fahrt mit Gondel Nr. 17, sie hat einen Glasboden. Dieser unmittelbare Blick nach unten schenkt eine ungewöhnliche Perspektive. Ebenso wie das nächtliche Herabschweben auf das Koblenzer Lichtermeer.

- Seilbahn Koblenz, Rheinstraße 6, 56068 Koblenz bzw. Bergstation, Greiffenklaustraße, 56077 Koblenz, www.seilbahn-koblenz.de
- ÖPNV: Oberer Abfahrtsterminal: Bus 9, 10, 460, Haltestelle Festungsaufzug/DJH (Schrägaufzug oder etwa 25 Minuten Fußweg); unterer Abfahrtsterminal: Bus 1, Haltestelle Deutsches Eck; Bus 9, 10, 358, 460, Haltestelle Stadttheater/Schloss (etwa 8 Minuten Fußweg)

592

Huch, eine steile Wand

77

Die Bacher Lay bei Bad Marienberg

Wer hat noch nie einen jener Abenteuerfilme gesehen, bei dem der oder die Guten, in höchster Not, die Flucht ergreifen müssen? In einem Gefährt rasen sie, verfolgt und beschossen von bösewichtigen Übelwesen, auf einen Abgrund zu. In letzter Sekunde gelingt es ihnen, abzuspringen, um den unvermeidlichen Sturz in den Abgrund doch noch zu vermeiden. Ein solches Szenario erinnert an die Bacher Lay. Nur, dass man hier am Fuße einer Felswand verweilt, die sich im 90-Grad-Winkel erhebt, und nicht vor Schurken entflieht, sondern dem Stress des Alltags, und in diese grüne Landschaft eintauchen kann. Schon der Weg zur Bacher Lay ist ein Genuss. Entspannt wandelt man dem kleinen Bachlauf entlang, kann, wenn man möchte, nur wenige Hundert Meter entfernt kneippen, um zu diesem fantastischen Glücksort zu gelangen. Angekommen staunt man nach oben, sieht nichts anderes als Baumwipfel, hat aber keine Ahnung, was dort sonst sein könnte. Das Ganze wirkt wie mit einer Schere auseinandergeschnitten und dann nicht mehr passend zusammengefügt. Es ist irgendwie seltsam, man fühlt sich ein wenig ratlos, weil man nicht weiß, was nur zehn Schritte weiter, nur 50 Meter weiter oben, sein könnte, wird dies aber im Moment auch nicht ändern können, fragt sich, ob man das jetzt wissen muss, ob man dies überhaupt wissen muss, und wird so auf sich selbst zurückgeworfen, auf dieses Geschenk, nicht immer alles wissen zu müssen, sondern sich fallen lassen zu dürfen, das annehmen zu dürfen, was als geologische Sehenswürdigkeit hier wertgeschätzt werden darf. Die Bacher Lay war früher ein Steinbruch für Westerwälder Basalt zwischen Bad Marienberg und Nisterau – Lay bedeutet übrigens Steinbruch. Die fast senkrechte Basaltsteinwand, die hier entstand, wird im Winter durch das gefrierende Tropfwasser zu einer imposanten Eiswand. Heute liegt diese in einem etwa 45 Hektar großen Naturschutzgebiet entlang der verträumt fließenden Schwarzen Nister. Sehenswert ist auch das nahe gelegene „Pfaffenmal“, ein stolzer, 18 Meter hoher Säulenbasaltkegel in Meilerstellung.

TIPP

Zwischen Bacher Lay und Bad Marienberg befindet sich eine Kneippanlage.

● Bacher Ley bei Bad Marienberg, Nationaler GEOPARK Westerwald-Lahn-Taunus, Tel. (0 26 61) 70 31, www.badmarienberg.de

● ÖPNV: Bus 962, Haltestelle Neuer Weg (etwa 30 Minuten Fußweg)

Nisterpfad

Strahlende Tonvielfalt

78 Keramik- und Töpfermärkte im Kannenbäckerland

Westerwald, das ist Kannenbäckerland. Das war so, das ist so, das wird so bleiben. Was einst mit salzglasierten Krügen begann – wer kennt sie nicht, die blau glasierten Westerwälder Töpfe und Krüge –, hat seine Formen und seine Optik bewahrt. Auch heute noch boomen diese zeitlosen Westerwälder Keramiken, vermitteln Bodenständigkeit und Heimatgefühle. Doch wohnt dem Westerwälder Ton auch der Zauber der Verwandlung inne, ist das weiße Gold des Westerwaldes doch die Basis für die die Sinne verführende Keramik. Keramik als Kunstobjekt, welches die Sinne verführt, unsere Augen zum Staunen bringt, das Herzen freudige Sprünge machen lässt und die eigene Wohnung oder das eigene Haus freudiger scheinen lässt. Wer Ende Mai, Anfang Juni oder Anfang Oktober den Westerwald bereist, sollte keinesfalls versäumen, einen der beiden großen internationalen Töpfer- und Keramikmärkte aufzusuchen. Diese finden in Höhr-Grenzhausen (Mai/Juni) bzw. Ransbach-Baumbach (Oktober) statt. Beide Ortschaften liegen im Übrigen nur wenige Kilometer voneinander entfernt, bilden so etwas wie die Herzkammer des Kannenbäckerlandes. An 100 bis 150 Ständen zeigen international renommierte Aussteller aus ganz Europa salzglasiertes Steinzeug, Keramikschmuck, Gebrauchs- und Zierkeramik. Nirgendwo findet man bessere Knoblauchreiben als hier, nirgendwo lächeln die Keramikblumen charmanter als hier. Man geht durch die nicht enden wollende Reihe der Marktstände, wundert sich, freut sich, staunt, wägt ab, wie viel man ausgeben kann und möchte – und ob man es letztlich schafft, all die wunderbaren Sachen heil nach Hause zu bringen. Doch auch wenn man nichts kaufen möchte, es ist für jeden etwas dabei, ob es Sonderausstellungen sind, ob kostenloses Töpfern für Kinder angeboten wird, ob man den musikalischen Live-Klängen lauschen möchte oder sich in Ransbach-Baumbach mit original bretonischen Speisen, zubereitet von Gästen aus der Partnerstadt Pleurtuit in der Bretagne, den Gaumen verwöhnen lassen möchte.

TIPP

Das Kannenbäckerland beheimatet unzählige Töpfereien, die sich über Besuch freuen.

- Keramikmärkte in 56203 Höhr-Grenzhausen und 56235 Ransbach-Baumbach www.kannenbaeckerland.de/veranstaltungen
- ÖPNV: Bahnhof Höhr-Grenzhausen (etwa 20 Minuten Fußweg bis Stadtzentrum); Bahnhof Ransbach-Baumbach (etwa 5 Minuten Fußweg bis Stadtzentrum)

Dil
Peters
Zitron
meliss

Ski- und Wander-Glück

79 Schneeträume auf dem Salzburger Kopf

Beim Hohen Westerwald handelt es sich um ein Hochplateau: Ist man einmal hoch droben, wirkt alles recht flach. Die fünf höchsten Erhebungen des Westerwaldes, allesamt im Hohen Westerwald gelegen, liegen höhenmäßig gerade einmal 7 Meter auseinander. Den Salzburger Kopf als den dritthöchsten Berg des Westerwaldes zu identifizieren, ist somit ein Muster ohne Wert. Viel eher sollte man den Blick auf das Besondere und Schöne lenken, denn eines ist der Salzburger Kopf allemal: ein Höhepunkt!

Schneesicher, auch ohne Kunstschnee! So bewirbt der örtliche Wintersportverein jenes wertvolle Gut, welches in Wintermonaten immer seltener anzutreffen ist. Hier findet sich ein Skihang mit Skilift. Die breite Piste mit ihrem gleichmäßigen Gefälle ist vor allem für Anfänger gut geeignet. Für Freunde des nordischen Langlaufs sind in der Regel vier Loipen gespurt. Bei guter Schneelage findet einmal wöchentlich ein Renntraining statt, Slalom und die Technik des freien Fahrens werden hier vermittelt. Neben Ski- werden auch Snowboardkurse für alle Altersgruppen, für Anfänger und Fortgeschrittene angeboten. Als besonders beliebt hat sich Snowtubing entpuppt, eigentlich Reifenrodeln. Mit speziellen großen und luftgefüllten Reifen rutscht man rasant die Piste hinunter, den meisten Spaß haben große Kinder. Auf dem Salzburger Kopf ist für so ziemlich jeden Geschmack die passende schneeweiße Überraschung dabei.

Wenn in schneereicher Winterzeit ausgelassene Ski- und Rodelfreuden herrschen, so sind es Wandersleute, die sich hier in der übrigen Jahreszeit eine Ruhepause gönnen. Unzählige Wege kreuzen sich hier und es lohnt sich, innezuhalten. Bei schönem Wetter kann man seinen Blick über den Westerwald schweifen lassen und Weite erfahren. Über 30 Orte kommen in Sicht, außerdem die Berge des Siegerlandes, des Siebengebiges, der große Feldberg, das Rothaargebirge, die Montabaurer Höhe und die dahinterliegenden Höhen von Eifel und Hunsrück.

- Salzburger Kopf, 56479 Stein-Neukirch
- ÖPNV: Ab Bahnhof Montabaur Bus 480, Haltestelle Stein-Neukirch oder Salzburg

Von einem, der auszog …

80 Das Erwin-Piscator-Denkmal in Greifenstein-Ulm

Er schaut hinab aufs Tal, betrachtet seinen Heimat- und Geburtsort, den er zeitlebens als „sein Schwalbennest" bezeichnete. Hier wurde er am 17. Dezember 1893 geboren. Neben seiner Büste lädt eine Sitzgruppe zum Verweilen ein. Bei schlechtem Wetter, wieder nur wenige Meter weiter, steht das ehemalige Wartehäuschen der örtlichen Bahnstation, welches hierhin versetzt wurde. Der Ulmtalradweg hat die Gleise ersetzt. „Theater ist pure Gegenwart – oder es ist nichts." – So umschrieb es Erwin Piscator. Und der war nach den Worten Bertolt Brechts „einer der größten Theaterleute aller Zeiten". Erwin Piscator ist heute hier eher unbekannt, doch wer sich mit seinen Werken und seiner Vita näher beschäftigt, wird erstaunt sein. Da finden sich Namen, Inszenierungen, Innovationen, die Geschichte schrieben und fortbestehen. Von hier, von Greifenstein-Ulm, zog er aus, drehte in Moskau den Film „Aufstand der Fischer von St. Barbara" von Anna Seghers und begründete in den USA den Dramatic Workshop, kehrte nach Deutschland zurück, wo er bedeutende Werke inszenierte (unter anderem „Hoppla, wir leben", „Nathan der Weise", „Krieg und Frieden", „Die Räuber"). Doch insbesondere seiner Theaterschule in New York bleibt es vorbehalten, zeitgeistige Glücksgefühle auszulösen. Wer gehörte nicht alles zu seinen Schülern? Wer wurde nicht von ihm ausgebildet? Wir hören, wir lesen, wir staunen: Tennessee Williams, Marlon Brando, Walter Matthau, Arthur Miller, Tony Curtis, Rod Steiger. Auch Harry Belafonte lernte von und bei Erwin Piscator. Und eher unmerklich, so ganz nebenbei, stehen hier am Denkmal im Geist plötzlich Tony Curtis und Marylin Monroe aus „Manche mögen's heiß" neben einem. Man hört Walter Matthau auf seine unvergleichliche Art granteln, während Harry Belafonte den Banana Boat Song intoniert. Man steht neben dem Erwin-Piscator-Denkmal und ist doch ganz woanders, ist in eine andere Welt des Wohlseins und der Lebensfreude eingetaucht und badet in der Leichtigkeit des Seins, fühlt sich geborgen wie in einem Schwalbennest.

TIPP

Im nahen Outdoor Zentrum Lahntal finden sich Indianer-Tipis, ein Hobbithaus, Alpakas und Waldgeister.

- Erwin-Piscator-Denkmal, am ehemaligen Ulmer Bahnhof, am Ulmtalradweg, 35753 Greifenstein-Ulm, www.greifenstein.de
- ÖPNV: Bus 125, 204, Haltestelle Greifenstein-Ulm (etwa 11 Minuten Fußweg)

Bibliografische Informationen der Deutschen Nationalbibliothek
Die Deutsche Nationalbibliothek verzeichnet diese Publikation in der Deutschen Nationalbibliografie; detaillierte bibliografische Daten sind im Internet über http://dnb.d-nb.de abrufbar.

2. Auflage 2022
Konzeption/Satz: Droste Verlag, Düsseldorf
Einbandgestaltung und Illustrationen: Britta Rungwerth, Düsseldorf, unter Verwendung von Bildern von © Fotolia.com: jd – photodesign.de; © iStock: Plociennik Robert
Fotos: Andreas Stahl, außer:
S. 17: Familie Hattenhauer/Brombeerschenke; S. 23: Wied-Scala; S. 27: www.stock.adobe.com: Tobias; S. 29: Alexander Herberth; S. 31: Matthias Reinhardt, Drolshagen; S. 41: Milena Gläser; S. 47: Bernd Reich; S. 53: Simon Waks; S. 61: Tourist-Information Hoher Westerwald/Dominik Ketz; S. 91: Tourist-Information Wetzlar/Dominik Ketz; S. 93: Keramikmuseum Westerwald; S. 109: Struthof-Brennerei/Sophie-Helen Lieber; S. 127, S. 161: Dominik Ketz für Touristinfo Bad Marienberg; S. 129: www.stock.adobe.com: Raimund; S. 133: Daniel Tortomasi; S. 135: Ortsgemeinde Asbach

FSC www.fsc.org MIX Papier aus verantwortungsvollen Quellen FSC® C011279

Druck und Bindung: LUC GmbH, Greven
ISBN: 978-3-7700-2236-6

www.droste-verlag.de